WESTEND

MATHIAS BRÖCKERS

Don't kill the messenger!
Freiheit für Julian Assange

**Mit einem Beitrag
von CAITLIN JOHNSTONE**

WESTEND

Wir danken Caitlin Johnstone für die freundliche Genehmigung zum Abdruck ihres Beitrags, der hier in gekürzter Fassung wiedergegeben ist. Das Original ist auf ihrem Blog caitlinjohnstone.com erschienen:
https://caitlinjohnstone.com/2019/04/20/debunking-all-the-assange-smears/

Mehr über unsere Autoren und Bücher:
www.westendverlag.de

Die Deutsche Nationalbibliothek verzeichnet diese Publikation in der Deutschen Nationalbibliografie; detaillierte bibliografische Daten sind im Internet über http://dnb.d-nb.de abrufbar.

Das Werk einschließlich aller seiner Teile ist urheberrechtlich geschützt. Jede Verwertung ist ohne Zustimmung des Verlags unzulässig. Das gilt insbesondere für Vervielfältigungen, Übersetzungen, Mikroverfilmungen und die Einspeicherung und Verarbeitung in elektronischen Systemen.

1. Auflage 2019
ISBN 978-3-86489-276-9
© Westend Verlag GmbH, Frankfurt/Main 2019
Umschlaggestaltung: www.pleasantnet.de
Satz: Publikations Atelier, Dreieich
Druck und Bindung: CPI – Clausen & Bosse, Leck
Printed in Germany

Inhalt

Don't kill the messenger! 7

Die Widerlegung sämtlicher Verleumdungen
Julian Assanges 67

Freiheit für Julian Assange –
ein Aufruf zur Solidarität 115

Anmerkungen 117

Don't kill the messenger!

Dass Boten für die Botschaft verantwortlich gemacht und Überbringer schlechter Nachrichten hingerichtet werden, ist seit der Antike überliefert und die Mahnung zu einem geflügelten Wort geworden: »Don't kill the messenger!« Sie wird zwar dem Tragödiendichter Sophokles zugeschrieben, ist aber von diesem nicht schriftlich überliefert. Der künftige König David im Buch Samuel der Bibel war da unbarmherziger, der Bote, der vom Tod des Königs Saul berichtet, wird geköpft; ebenso soll der Azteken-Herrscher Montezuma gehandelt haben, als ihm der Einmarsch spanischer Eroberer gemeldet wurde, derselbe ließ dann auch Orakelpriester und Magier hinrichten, weil ihre Prophezeiungen zu finster ausfielen.

Aus dem europäischen Mittelalter und Shakespeares Dramen sind die Gefahren, denen die Überbringer schlechter Nachrichten ausgesetzt sein können, ebenso bekannt wie aus der Mythologie und vielen Märchen. Als sich der Gott Apollo in eine Königstochter verliebt hatte, ließ er sie von einem wunderschönen Singvogel überwachen, den er, als dieser die Nachricht überbrachte, dass sie sich einem anderen zugewandt hatte, in einen krächzenden Raben verwandelte. Der Götterbote Hermes, zuständig für die Botschaften zwischen Göttern und Menschen, ist nicht zufällig eine ambivalente Tricksterfigur: einerseits neutraler Übermittler schicksalsentscheidender Nachrichten, aber auch Ursache für mögliche Unsicherheit und Täuschung.

Ein Bote muss sowohl für den Sender wie auch den Empfänger vertrauensvoll sein, er ist Geheimnisträger und er ist verpflichtet, alle widrigen Umstände zu überwinden, um die Botschaft zu überbringen. Auch wenn im Zeitalter elektronischer Nachrichtenübermittlung persönliche Kuriere zur Überbringung von Nachrichten an Bedeutung eingebüßt haben, stehen manche Boten noch immer unter internationalem Schutz, weshalb ihre Häuser, die »Botschaften«, als exterritoriale Zonen gelten und dem Zugriff lokaler Behörden weitgehend entzogen sind. Botschafter riskieren deshalb für das Überbringen schlechter Nachrichten heutzutage allenfalls die sofortige Ausweisung und müssen in der Regel weder um ihre Freiheit noch um ihren Kopf fürchten.

Für den Mann, der am 11. April 2019 von acht Polizisten aus der Botschaft Ecuadors in London geschleppt wurde, gilt das nicht: Julian Assange ist nicht der Botschafter einer Nation, sondern einer transparenten, demokratischen Welt, er genießt keinen diplomatischen Schutz, sondern ist Freiwild einer multinationalen Jagd. Er hat keine Verbrechen begangen, sondern Verbrechen aufgedeckt, aber er wird dennoch behandelt wie ein Schwerkrimineller. Er hat die Welt über illegale Foltergefängnisse aufgeklärt und das Handbuch für den Betrieb von Guantanamo publiziert, aber jetzt droht ihm die Auslieferung an die Betreiber dieses Kerkers. Er hat als Bote mehr schlechte Nachrichten überbracht, über Kriegsverbrechen, Korruption, politische Morde und Wahlbetrug in aller Welt, als alle großen Medien in aller Welt zusammengenommen und sitzt jetzt in einem Hochsicherheitsgefängnis in Isolationshaft. Er hat mehr getan für die unverzichtbare Institution jeder freien Gesellschaft – die Pressefreiheit als vierte Säule der Demokratie und unabhängiger Kontrolleur der Mächtigen und Herrschenden – als jeder andere Journalist, doch der von allen freiheitlichen Verfassungen garantierte Schutz der Presse und die Rechte eines Journalisten werden ihm verweigert. Stattdessen wird er als »Terrorist« verleumdet und Abgeordnete des US-amerikanischen Kongresses ebenso wie die ehemalige Außenministerin Hillary Clinton konnten offen zu seiner Ermordung aufrufen, ohne für solche Hassreden und Hetze zur Rechenschaft gezogen zu werden.[1]

Julian Assange hat mit seiner Whistleblower-Plattform den investigativen Journalismus in eine neue Dimension katapultiert und auf den Ruinen einer von Macht- und Wirtschaftsinteressen völlig korrumpierten »vierten Gewalt« eine Institution begründet, die dem Wächteramt der Presse wieder nachkommt: WikiLeaks. Er hat keine Verbrechen begangen, sondern ein Medium geschaffen, über das Verbrechen von

Staaten und Unternehmen gemeldet werden können, ohne dass den Überbringern dieser Botschaften der Kopf abgeschlagen wird, denn ihre Anonymität ist garantiert. Er hat die Rechtsgarantie des Quellenschutzes – die Tatsache, dass Journalisten nicht gezwungen werden dürfen, ihre Quellen preiszugeben – nicht nur auf ein neues, höheres Niveau gehoben, sondern durch uneingeschränkte Publikation und Zugang für alle im Internet auch die Möglichkeiten der Zensur durch Staaten und Redaktionen stark eingeschränkt.

»Licht an – Ratten raus!«, mit diesen vier Worten hat Assange das Prinzip des Mediums WikiLeaks manchmal beschrieben, wenn es auf Kürze ankam. Er verfasste ganze Bücher, warum es keine gerechte Gesellschaft ohne Transparenz ihrer Machtstrukturen geben kann – und keine freie Presse, wenn diese von Konzern- und Regierungsinteressen geleitet wird. Eine Volkssouveränität – Kern jeder parlamentarischen Demokratie – kann es nur geben, wenn die Macht rechenschaftspflichtig ist, und das kann sie nur sein, wenn sie transparent ist. Nur eine solche Macht ist in demokratischen Gesellschaften legitim.

Es sind diese Prinzipien der Aufklärung und demokratischer Rechtsstaaten schlechthin und für nichts anderes stehen WikiLeaks und Julian Assange. Sie haben mit technischen und kryptografischen Mitteln dafür gesorgt, dass Überbringer schlechter Nachrichten nicht mehr geköpft werden können und so die alte, humanistische Mahnung »Don't kill the messenger!« in das digitale Zeitalter übertragen. Sie haben umgesetzt was Staaten und Gesetze nicht schaffen konnten oder wollten – einen garantierten Schutz von Whistleblowern, die kriminelle Machenschaften von Regierungen und Unternehmen ans Licht bringen.

Wenn eine solche Einrichtung nun als kriminell erklärt und ihr Gründer und Kopf als Schwerverbrecher inhaftiert ist, hat das mit den Grundsätzen der Aufklärung und demokratischer Rechtsstaaten nichts mehr zu tun – es ist der Rückfall in die Barbarei absolutistischer Herrschaft, ein Rückfall hinter alles, was Fassadendemokratie und Schönwetterhumanität des »Werte«-Westens überhaupt noch zu bieten haben. Es geht bei diesem Fall nicht um eine Person, es geht nicht um ein Helden-oder-Schurken-Drama, es geht ums Prinzip, es geht um Grundsätzliches unserer freiheitlichen Verfassung, was der »partner in crime« von Julian Assange, Edward Snowden, vor einiger Zeit so ausgedrückt hat: »Wenn das Aufdecken von Verbrechen wie ein Verbrechen behandelt wird, werden wir von Verbrechern regiert.« Am Ausgang des Verfahrens gegen Julian Assange wird sich entscheiden, inwieweit sie die Macht schon übernommen haben.

Eine kurze Geschichte von WikiLeaks

Als der zwanzigjährige Julian Assange 1991 in Melbourne mit zwei befreundeten Nerds die Gruppe »International Subversives« gründet, nutzt er das Pseudonym »Mendax«. Ein klassischer lateinischer Name, der angemessen scheint für einen sehr erfahrenen Hacker, der sich mit vierzehn Jahren das Programmieren auf dem »Commodore 64« selbst beigebracht hat und schon in zahlreiche Großrechner eingebrochen ist. Angemessen aber auch im Rückblick auf das, was Julian Assange dann fünfzehn Jahre später mit WikiLeaks in die Welt setzen würde. Denn der »Splendide Mendax« aus den Oden des römischen Dichters Horaz ist der »ehrenwerte Lügner« – und so wie sich der jugendliche Mendax mit technischen Tricks und kleinen Lügen in die mächtigen (und schlecht gesicherten) Computernetzwerke der NASA, des US-Militärs und vieler anderer Eintritt verschafft, so »ehrenwert« verhält er sich dabei. Als er und seine subversiven Kollegen schließlich erwischt und angeklagt werden – und sich Assange in 24 Fällen schuldig bekennt –, belässt es der Richter 1996 bei einer kleinen Geldstrafe, weil er nicht zur persönlichen Bereicherung, sondern aus »intellektueller Wissbegierde« gehandelt habe. In seinem ersten Buch, das er zusammen mit der Autorin Suelette Dreyfus schrieb,[2] verwendete er ein Motto von Oscar Wilde: »Ein Mann ist am wenigsten er selbst, wenn er in eigener Person spricht. Gib ihm eine Maske und er wird dir die Wahrheit sagen.« Die Maske, die sich Julian Assange zulegte, war WikiLeaks und unter ihr hielt Mendax Wort: Kein einziges der Millionen Dokumente, die dort seit 2007 veröffentlicht wurden, hat sich als Fälschung, Unwahrheit oder Lüge herausgestellt.

Es gibt im Zeitalter von Fake News und Informationskriegen wohl keine publizistische Institution – keinen Sender und keine Zeitung –, die es, was Echtheit und Wahrheitsgehalt ihrer Veröffentlichungen betrifft, mit der Qualität von WikiLeaks aufnehmen kann. Was umso mehr gilt, wenn man auf den grotesken Fake-News-Zirkus zwischen dem Twitter-König Donald Trump und seiner vom »Russiagate« besessenen Opposition schaut. Die eindeutige Echtheit aller von WikiLeaks publizierten Informationen ist ein sehr wichtiger (und selten erwähnter) Punkt, wenn es um die Beurteilung dieser Plattform und die Verurteilung ihres Gründers geht, der womöglich gerade deshalb zum Objekt so vieler Verleumdungen wird, weil die Authentizität und Relevanz der WikiLeaks-Veröffentlichungen so unbestreitbar ist. Hier eine kleine Chronologie der wichtigsten Publikationen der Plattform:

2007
- Kenias fehlende Milliarden – unter Berufung auf WikiLeaks-Dokumente berichtet der *Guardian* über die Ermittlungen zur Bestechung des früheren Präsidenten Kenias Daniel Arap Moi, die von seinem Nachfolger zurückgehalten werden.
- Publikation einer Kopie des *Standard Operating Procedures for Camp Delta*, eines Handbuchs für Soldaten zur Behandlung von Gefangenen in Guantanamo Bay, unter anderem kommt dadurch ans Licht, dass einige Gefangene vor dem Komitee des Roten Kreuz versteckt wurden und dass sich unter den Gefangenen fünfzehnjährige Kinder befinden.

2008
- WikiLeaks publiziert Tausende interne Dokumente der »Scientology«-Sekte, außerdem E-Mails vom Yahoo-Konto der republikanischen Präsidentschaftskandidatin Sarah Palin und die Namen und Adressen von Mitgliedern der rechtsradikalen »British National Party«.
- 35 ungeschnittene Videos von Aufständen in Tibet werden zur Ansicht veröffentlicht, um chinesische Zensurmaßnahmen zu umgehen.
- Nach der Veröffentlichung von Dokumenten über illegale Geschäfte der Schweizer Bank Julius Bär & Co. AG auf den Cayman Islands erhebt die Bank Klage und erreicht, dass die WikiLeaks-Domain gesperrt wird. Schon bald ist die Seite aber wieder online.

2009
- Es folgen weitere Veröffentlichungen von Wiki-Leaks, darunter:
- interne Dokumente zur Steuervermeidung der Barclays Bank
- Zensurlisten gesperrter Websites aus zahlreichen Ländern
- Protokolle der »Bilderberg«-Gruppe von 1950–1980
- Abhörprotokolle von Telefonaten zwischen Politikern und Wirtschaftsleuten im »Petrogate«-Ölskandal in Peru
- ein Report über einen »ernsten Nuklearunfall« in der iranischen »Natanz«-Anlage, der nach Medien-

berichten von dem Computerwurm »Stuxnet« ausgelöst wurde, den aller Wahrscheinlichkeit nach Israel und die USA gemeinsam entwickelt haben
- ein interner Report des Schweizer Konzerns Trafigura über Giftmüllverklappung vor der Elfenbeinküste
- ein internes Dokument der isländischen Kaupthing Bank, das zeigt, wie die Besitzer kurz vor der Finanzkrise Millionen verschoben und abgeschrieben haben. Das führte zu Bürgerprotesten in Island und brachte zahlreiche Banker ins Gefängnis.

2010
- »Collateral Murder«: WikiLeaks veröffentlicht das Video eines US-Militärhubschraubers, der auf eine achtzehnköpfige Gruppe unbewaffneter Zivilisten, darunter zwei Reuters-Journalisten, feuert und sie tötet.
- Im Mai wird der Militär-Analyst Bradley (später: Chelsea) Manning verhaftet und angeklagt, das Video und weiteres Material an WikiLeaks weitergegeben zu haben. Er hatte – verzweifelt und vereinsamt auf seinem Außenposten im Irak – nach vielen Chats einen ehemaligen Hacker, Adrian Lamo, ins Vertrauen gezogen, der sie an das FBI verraten hatte.
- Im Juli postet WikiLeaks über 90 000 geheime Militär-Dokumente aus dem Afghanistan-Krieg (*Afghan War Logs*), die unter anderem weit mehr Ziviltote durch Aktionen der US-Armee zeigen, als bis dahin berichtet waren.

- Im Oktober werden 40 000 Dokumente aus dem Irak-Krieg veröffentlicht, die ein neues Bild auf die Menge von irakischen Zivilisten werfen, die getötet wurden, ebenso auf Folter und Missbrauch von Gefangenen durch irakische Polizisten und Soldaten, die von den US-Besatzern tatenlos geduldet werden.
- Kurz darauf beginnt WikiLeaks mit der Publikation von über 250 000 E-Mail-Depeschen (Cables) des US-Außenministeriums seit 1966 und kündigt an, sie in den kommenden fünf Monaten komplett zu publizieren.

2011
- WikiLeaks publiziert knapp 800 geheime Militärdokumente über in Guantanamo gefangene, angebliche Al-Quaida-Aktivisten.
- Im September veröffentlicht WikiLeaks das komplette Archiv von über 250 000 unredigierten diplomatischen Depeschen des US-Außenministeriums. Die Medienpartner *The Guardian*, *The New York Times* und *DER SPIEGEL* distanzieren sich von der Aktion. Die engen Beziehungen zwischen WikiLeaks und seinen wichtigsten Medienpartnern sind damit beendet.
- Oktober: Die Sperrung der WikiLeaks-Konten durch die Bank of America, VISA, MasterCard, PayPal und Western Union reduziert den Spendenfluss an WikiLeaks um 95 %.

2012
- Im Februar beginnt WikiLeaks mit der Veröffentlichung von insgesamt fünf Millionen E-Mails des privaten Geheimdiensts »Stratfor«.
- Im Juli folgen 2,4 Millionen E-Mails von syrischen Politikern, Ministern und Unternehmen, die bis 2006 zurückreichen.

2013
- 28. Februar: Das Verfahren gegen Bradley Manning beginnt, am 21. August wird er zu 35 Jahren Gefängnis verurteilt.

2014
- WikiLeaks veröffentlicht den geheimen Entwurf des Anhangs über Finanzdienste der TISA/TPP-Handelsverträge sowie die Anordnung einer Nachrichtensperre eines australischen Gerichts über Bestechungszahlungen der Zentralbank an internationale Staatsführer.

2015
- Das geheime »Investment-Kapitel« der TPP-Verträge wird veröffentlicht, das supranationale Gerichtshöfe vorschlägt, bei denen multinationale Konzerne Länder verklagen können.

2016
- Im Juli veröffentlicht WikiLeaks etwa 20 000 E-Mails von Mitarbeitern des Democratic National Congress (DNC), aus denen hervorgeht, wie die Parteizentrale Hillary Clinton in den Vorwahlen bevorteilte, obwohl Bernie Sanders bessere Aussicht auf einen Wahlsieg hatte.
- Im Oktober werden über 2 000 E-Mails des Wahlkampfchefs von Clinton, John Podesta, veröffentlicht, WikiLeaks kündigt an, weitere 50 000 in den kommenden Wochen zu veröffentlichen.
- Gegen Ende des Jahres werden 500 interne Dokumente und E-Mails über die US-Militäroperationen im Jemen 2009–2015 veröffentlicht.

2017
- Januar: In einem Interview mit Fox-News sagt Julian Assange, dass WikiLeaks die DNC-E-Mails nicht aus Russland erhalten hat.
- Über Twitter teilt Assange mit, dass er einer Auslieferung in die USA zustimme, wenn Chelsea Manning von der Obama-Regierung begnadigt wird.
- Präsident Obama reduziert Mannings Strafe und stellt ihre Freilassung im Mai in Aussicht. In Schweden werden die Ermittlungen gegen Assange eingestellt.
- März: »Vault 7« – WikiLeaks veröffentlicht Tausende interne CIA-Dokumente, die unter anderem über verdeckte Hacking-Programme und Spionagesoftware berichten, mit denen Mobiltelefone,

Smart-TVs und Auto-Computer angegriffen werden können.
- April: US-Behörden teilen mit, dass sie die Verhaftung Assanges vorantreiben und eine Anklage gegen ihn vorbereiten. Die Ermittlungen hatten schon 2010 begonnen, seien aber an der Frage gescheitert, ob Julian Assange durch das »First Amendment« der Verfassung (Rede- und Pressefreiheit) geschützt sei. Hier habe man nun eine Lösung gefunden, deren Details aber nicht mitgeteilt würden.
- Im Mai wird Chelsea Manning aus der Haft entlassen, die Anklage wegen Spionage wird aber weiterhin aufrechterhalten.
- September: »The Spy Files«: WikiLeaks macht die Überwachung in Russland zum Thema und veröffentlicht Dokumente der Softwarefirma »Peter-Service« die Mobilfunk-, und Internetanschlüsse überwacht.

2018
- Am 28. März sperrt das ecuadorianische Botschaftspersonal Assange den Zugang zu sämtlichen Kommunikationskanälen. Die Begründung: Assange habe sich in die Angelegenheiten von Spanien und anderen Ländern eingemischt.
- Im Oktober legt der ecuadorianische Botschafter Assange ein umfangreiches Protokoll (Hausregeln) vor, das er unterschreiben soll. Assange lehnt das ab, weil eine Verletzung der Hausregeln ein Entzug des Asyls begründen würde.

2019
- Im März wird Chelsea Manning erneut verhaftet, weil sie sich weigert, vor einer nicht-öffentlichen Grand Jury nochmals über ihre Kontakte zu Assange auszusagen, und wird zu Einzelhaft in einem Gefängnis verurteilt.
- Im April wird Julian Assange in der Botschaft Ecuadors verhaftet und in das Hochsicherheitsgefängnis Belmarsh überführt. Ein Auslieferungsantrag der Vereinigten Staaten wirft ihm Verschwörung zum Hacking von Computern in Verbindung mit den von Chelsea Manning geleakten Geheimdokumenten vor. Er wird 23,5 Stunden pro Tag in Isolationshaft gehalten und darf 30 Minuten an die frische Luft.
- Am 8. Mai wird Chelsea Manning aus der Haft entlassen, erhält aber zugleich eine weitere Vorladung. In einem kämpferischen Statement bekundet sie, auch dieser nicht zu folgen, da sie ihren früheren Aussagen zu ihrer Tat und zu Julian Assange nichts hinzuzufügen habe. Zehn Tage später wird sie erneut für dreißig Tage in Beugehaft genommen. Für jeden weiteren Tag, den ihre Aussageverweigerung andauert, wird sie mit 500 Dollar, später 1000 Dollar Strafe belegt.
- Am 20. Mai stellt Ecuador den USA die Unterlagen Julian Assanges aus der Botschaft zur Verfügung – darunter zwei persönliche Manuskripte, vertrauliche Dokumente seiner Verteidiger, Prozessunterlagen und elektronische Geräte. Weder die Anwälte

Assanges noch UN-Beobachter sind bei der Beschlagnahmung durch US-Staatsanwälte anwesend.
- Am 23 Mai erweitert das US-Justizministerium die Anklage Julian Assanges um siebzehn weitere Anklagepunkte unter dem »Espionage Act«, nach dem in 102 Jahren kein Journalist angeklagt wurde.
- Mai: Wegen seines schlechten Gesundheitszustands und starkem Gewichtsverlust wird Julian Assange in das Militärhospital des Hochsicherheitsgefängnisses verlegt.
- Der Berichterstatter des Büros für Menschenrechte der Vereinten Nationen, Nils Melzer, der Julian Assange mit zwei medizinischen Experten in der Haftanstalt besuchen konnte, spricht in seinem Bericht von »psychologischer Folter« und fordert die beteiligten Nationen auf, die unmenschliche und brutale Behandlung Assanges umgehend zu stoppen.
- Am 3. Juni beschließt ein schwedisches Gericht, keinen erneuten Haftbefehl für Julian Assange zu erlassen.

Diese kurze Chronologie der wichtigsten von WikiLeaks publizierten Dokumente und ihrer Folgen macht sehr deutlich, um was es dieser Plattform geht: um die Veröffentlichung geheimer Informationen, um die Aufdeckung suspekter, illegaler und krimineller Aktivitäten von Staaten und Konzernen. Dass die jeweils Betroffenen gegen diese Enthüllungen vorgehen und versuchen, den Boten zum Schweigen zu bringen, ist zwar nachvollziehbar, aber im Rahmen demokratischer Verfassungen auf legalem Wege schwer machbar. Nicht zufällig hatten die Juristen der Obama-Regierung jahrelang mit einer Anklage Julian Assanges gezögert, weil sie mit dem Verfassungsgrundsatz der Pressefreiheit unvereinbar ist – und weil man dann auch die *New York Times* und alle anderen Medien anklagen müsste, die WikiLeaks-Dokumente ebenfalls publiziert hatten. Denn es geht hier nicht um strafbare Verleumdungen und üble Nachreden, gegen die Gesetze ja eine Handhabe bieten würden ebenso wie gegen betrügerische Fälschungen; es geht nicht um Fakes, sondern um Fakten.

»Privatsphäre für die Schwachen, Transparenz für die Mächtigen« hatte Julian Assange als Motto zum Start von WikiLeaks ausgegeben – eine Parole wie einst Georg Büchners »Friede den Hütten, Krieg den Palästen!« gegen die feudale Monarchie und übertragen ins digitale Zeitalter genauso radikal und revolutionär: den Menschen in den »Hütten« Sicherheit vor Kontrolle und Überwachung und jedem Whistleblower garantierte Anonymität zu bieten – und den Kontrolleuren und Überwachern in den »Palästen«, den Mächtigen, auf die Finger zu schauen. WikiLeaks hat eine neue Art politischer Öffentlichkeit geschaffen, die es nicht nur den Starken erlaubt, Einfluss zu nehmen, sondern es jedem einzelnen schwachen Insider ermöglicht, Missstände öffentlich zu machen und politisch aktiv zu werden, ohne seinen

Kopf zu riskieren. WikiLeaks hat so die durch digitale Überwachung immer stärker eingeschränkten Rechte der Schwachen auf Privatsphäre gestärkt – und die immer stärker wachsenden rechtsfreien Räume eingeschränkt, in denen sich Staaten, Geheimdienste und Konzerne »Privatsphären« schaffen, die ihnen in demokratischen Rechtsstaaten nicht zustehen. Mitarbeiter wie Chelsea Manning oder Edward Snowden, die das kriminelle Ausmaß dieser rechtsfreien Räume erkannten – sei es die flächendeckende Überwachung der Bevölkerung oder das sinnlose Morden im Krieg – hätten ohne dieses revolutionäre Prinzip gar nicht zu politischen Akteuren werden können. Chelsea Manning hatte sich, bevor sie mit WikiLeaks Kontakt aufnahm, mit ihren Enthüllungen zuerst an die *New York Times* und die *Washington Post* gewandt, die beide abgelehnt hatten.

Viele Leaks, wenig Wiki
Dass nach den ersten Aufsehen erregenden Veröffentlichungen immer mehr geleakte Dokumente bei WikiLeaks landeten, sorgte bei Julian Assange nicht nur für Freude, sondern auch für Verdruss, denn es wurde klar, dass es nicht ausreichte, einfach große Mengen und lange Listen unsortierter Dokumente ins Netz zu stellen. »Unsere ursprüngliche Idee war: ›Schau alle die Leuten, die Wikipedia editieren und den Mist, an dem sie arbeiten‹, schrieb er, »sie schreiben eifrig an Artikeln über Geschichte und Mathematik und so weiter, all die fleißigen Blogger, die sich hochtrabend

über Menschenrechtsverletzungen auslassen ... werden alle diese Leute kommen, wenn sie frisches Quellenmaterial erhalten, und etwas tun? Nein. Es ist alles Bullshit. Diese Leute schreiben nur (wenn nicht für ihre Karriere), um ihre Werte gegenüber Kollegen zu zeigen, die schon in derselben Gruppe sind. Eigentlich interessieren sie sich einen Dreck für das Material.«[3]

Das war das Problem – ohne eine aktive Community, ohne die Intelligenz eines Schwarms und ohne Fachleute für bestimmte Themen war die Arbeit nicht zu bewältigen. Das Rohmaterial brauchte Bearbeitung, um öffentlich wirksam zu werden – nicht in Form von Zensur, sondern in Form von Sortierung, Erklärung, Kontextualisierung. Das konnten Assange und seine kleine Gruppe nicht leisten, doch sie konnten auch nicht einfach Stellenanzeigen aufgeben und Mitarbeiter einstellen. Denn wer sich mit dem US-Imperium, der Nato und der CIA anlegt, ist automatisch ein Premiumziel für Unterwanderung und Infiltration. Und so wandte sich WikiLeaks an die großen Zeitungen und Medien.

»Wiki« heißt auf Hawaiianisch »schnell« und steht im Internet für offene und leicht editierbare Webseiten – und für das Prinzip, das alle User sie bearbeiten und benutzen können. So wurde die Online-Enzyklopädie Wikipedia von einem riesigen Schwarm von Nutzern in kurzer Zeit zu einer der meistbesuchten Seiten im Netz aufgebaut. Diesen kollektiven und kooperativen Effekt[4] hatte Julian Assange vor Augen, als er für seine Plattform 2006 den Domain-Namen

»wikileaks.org« eintragen ließ. Weil aber anders als bei netten Lexikon-Artikeln der Schwarm ausblieb, um bei der Authentifizierung und Auswertung der massenweise geleakten Dokumente zu helfen, blieben für WikiLeaks als Partner nur die Zeitungsverlage. Und dort stießen die radikalen Transparenz-Prinzipen von WikiLeaks mit den Bedenken der etablierten Medien zusammen, wie Assange 2011 am Beispiel eines diplomatischen Kabels über die organisierte Kriminalität in Bulgarien schilderte:

»Der *Guardian* redigierte zwei Drittel einer Depesche der US-Botschaft über Kriminalität in Bulgarien. Er entfernte alle Namen der Mafiosi, die die bulgarische Regierung unterwandert hatten. Er entfernte eine Beschreibung der Elite Kasachstans, die die Korruption der gesamten kasachischen Oberklasse aufzeigte – nicht mit ausdrücklichen Namen, sondern ganz allgemein. Er entfernte die Beschreibung eines in Kasachstan operierenden, italienischen Energiekonzerns als korrupt. Sie haben nicht nur die Namen von Leuten entfernt, die ungerechten Risiken ausgesetzt wären, wie wir es tun und von ihnen verlangen. Sie haben alle Namen der einzelnen Mafiosi gestrichen, weil sie Angst hatten, in London verklagt zu werden. […] Es herrscht eine unglaubliche Selbstzensur in den Redaktionen, aber sie geben das nicht zu und gestehen nicht, dass sie so verfahren. Diesen Weg nach unten will WikiLeaks nicht gehen.« (Julian Assange: When Google meets WikiLeaks, 2016, S. 173 f.)

Als WikiLeaks den Artikel dann mit dem Kommentar postete: »Ein weiteres ernstes Beispiel, wie der *Guardian* in Verletzung der WikiLeaks-Vereinbarungen ›cable cooking‹ (Manipulation der Depeschen) betreibt«, antwortete der leitende Redakteur David Leigh: »Eine weitere dumme Lüge von Assange wegen ›cable cooking‹ (das, wie er weiß, mit dem UK-Presserecht zu tun hat). Was für ein Lügner!«

Doch Assange hatte nicht gelogen. Der Guardian hatte von den 5226 Worten der Depesche nur 1406 veröffentlicht, ohne auf die Kürzungen irgendwie hinzuweisen. Drei zusammenhängende Abschnitte wurden komplett entfernt, aus den anderen Kürzungen neue Sätze gebastelt und so die Bedeutung des gesamten Dokuments geändert, wie WikiLeaks in einer Stellungnahme darlegte.

»Dadurch liest sich nun ein Satz, als bezöge er sich auf die Person im vorherigen Satz, doch eigentlich bezieht er sich auf eine ganz andere Person. So erscheint das gesamte komplexe organisierte Verbrechen Bulgariens nun als Werk eines einzigen Russen. Das stellt ›Zensur‹ und ›redaktionelle Bearbeitung‹ in den Schatten und führt direkt zu der ›Lüge‹, die der Guardian-Redakteur WikiLeaks unterstellt.«

Scheinbar glaubt der Guardian, dass nur Bulgaren vom US-Presserecht geschützt sind, aber keine Russen.[5]

An diesem Beispiel sehen wir nicht nur den Spin, mit dem die etablierten Medien das ihnen von WikiLeaks zur Verfügung gestellte Material nach

Gusto versehen haben, es dokumentiert vor allem den Zusammenstoß zweier offenbar unvereinbarer Welten: dem Transparenz- und Wahrheitsgebot von WikiLeaks und den ökonomischen Interessen der etablierten Medien. Und zeigt wie in diesem Fall – mit der Reduktion eines kriminellen Netzwerks auf einen einzelnen Russen – die politische Agenda des *Guardian*. Dass einer der damals beteiligten Redakteure, Luke Harding, 2018 den Bestseller *Collusion* verfasste und behauptete, Russland habe Donald Trump zur Wahl verholfen, passt da ebenso ins Bild wie sein 2019 im *Guardian* veröffentlichter Artikel, dass Trumps Berater Paul Manafort Julian Assange in der Botschaft Ecuadors besucht hätte, was sich schon kurz darauf als Fake News herausstellte – aber erst nachdem die Meldung als neuer »Beweis« für die Russiagate-Verschwörungstheorie über die Nachrichtenagenturen um die ganze Welt gegangen war.

Was den Umgang mit WikiLeaks-Dokumenten betrifft, waren bei den Großmedien also durchaus andere Interessen im Spiel als nur die Angst, mit Klagen überzogen zu werden. Ihre selektive und manipulative Verwendung des Materials hatte auch nichts mit ihren immer wieder angeführten »journalistischen Standards« zu tun oder gar mit ethischen und moralischen Werten, die gegen die behauptete »Verantwortungslosigkeit« von WikiLeaks hochgehalten wurden. Verantwortungsvoll, ohne ökonomisches Klagerisiko und im Einklang mit den WikiLeaks-Prinzipien hätte der *Guardian* die Depesche über die bulgarische Regierungskriminalität ja durchaus redigiert und ohne Namensnennungen der Mafiosi publizieren können – mit einem Hinweis auf die Kürzungen und auf den WikiLeaks-Link zum Originaldokument im Netz.

Ursprünglich hatte WikiLeaks die Depeschen gar nicht selbst publiziert, sondern nur dem *Guardian* die komplette Datei mit den über 250 000 Depeschen zukommen lassen, der sie aber an die *New York Times* und den *Spiegel* weitergegeben hatte. Die Zeitungen hatten dann zeitgleich im November 2010 darüber berichtet. Als danach viele andere internationale Zeitungen meldeten, ebenfalls im Besitz sämtlicher Depeschen zu sein und die Dateien auch im Netz auftauchten, stellte WikiLeaks sämtliche Depeschen auf einen Schlag ins Netz und rief dieses mal nicht die Journalisten, sondern über Twitter die Öffentlichkeit auf, das Material zu analysieren. Die Medien, die bis dahin mit WikiLeaks zusammengearbeitet hatten, protestierten, dass »etablierte Standards des Informantenschutzes« nicht gewährleistet seien, und distanzierten sich von Assange. Ein enger Mitarbeiter, Daniel Domscheit-Berg, trennte sich im Streit von WikiLeaks und warf Julian Assange, der ihn wegen der Panne mit den »Cablegate«-Daten suspendiert hatte, autoritären Führungsstil vor. Domscheit-Berg versuchte mit »OpenLeaks« eine konkurrierende Plattform zu eröffnen, die aber nie wirklich in die Gänge kam, und erweiterte die Vorwürfe gegen Assange in seinem Buch *Inside WikiLeaks*, das später auch verfilmt wurde. Sowohl extern – bei der Kooperation mit den Medien – wie auch intern brannte die Luft bei WikiLeaks. Und so begann die Zeit, in der das innovative Projekt, das dem investigativen Journalismus eine neue Dimension beschert hatte, in den Hintergrund trat und sein Gründer und Kopf öffentlich zum »bad boy« stilisiert wird – die Kritik an WikiLeaks wurde persönlich.

Ein Geheimdienst des Volkes
Dank der wunderbaren Arbeit von Caitlin Johnstone müssen wir uns an dieser Stelle nicht mit den Falschbehauptungen und Verleumdungen über Julian Assange auseinandersetzen, sondern können bei der Sache bleiben – bei den Fragen und Problemen, die zum Bruch der Kooperation des neuen Mediums WikiLeaks mit den etablierten Medien geführt haben.

Um absolutistische Macht von Königen und Diktatoren einzuhegen, ist in allen demokratischen Systemen neben der strengen Gewaltenteilung in Legislative, Judikative und Exekutive die Volkssouveränität der zentrale Grundstein. Die Macht wird den Regierenden nur geliehen, sie sind dem eigentlichen Souverän, dem Volk, jederzeit und öffentlich rechenschaftspflichtig. Die Voraussetzung dafür ist ein weiterer zentraler Grundstein jeder Demokratie: die Existenz eines öffentlichen Debattenraums, in dem sich die souveränen Bürger frei und ungehindert darüber informieren können, was ihre gewählten Vertreter tun oder lassen. Demokratie bedeutet Transparenz, und um diese herzustellen, wurde neben den drei Säulen der Gewaltenteilung eine vierte Säule errichtet, die die Presse mit besonderen Rechten ausstattet und ihre Vertreter, die Journalisten, unter besonderen Schutz stellt. Auch der Journalist ist als Botschafter und Überbringer schlechter Nachrichten über das Tun und Lassen der Herrschenden vor deren Zugriff und Bestrafung geschützt. Nur so, das wussten schon die Väter der demokratischen Verfassungen vor über 200 Jahren, können dem öffentlichen Debattenraum die notwendigen Informationen zukommen, die den Bürgern eine Wahlentscheidung überhaupt ermöglichen. Und nur eine solche Transparenz und Sichtbarkeit der Macht verhindert, dass sich deren Organe im Verborgenen und illegitim verselbstständigen. Das gilt in erster Linie für die Geheimdienste, die schon qua Berufsbezeichnung im Verborgenen arbeiten und deren demokratische Aufsicht auf dem Papier zwar vorgeschrieben, in der Praxis aber schwer durchführbar ist. Ein ehemaliges Mitglied des parlamentarischen Kontrollgremiums, dem die Chefs der deutschen Geheimdienste über ihre Aktivitäten berichten müssen, nannte diese Routinesitzungen »Märchenstunden«. Einmal, als er nach Verlesung der sieben Tagesordnungspunkte wegen einer Magenverstimmung auf die Toilette musste, waren bei seiner Rückkehr schon sechs Punkte abgehakt: Die Schlapphüte erzählen und die Parlamentarier nicken ab. Keine weiteren Fragen. Dass eine derartige »Kontrolle« es den Diensten erlaubt, mehr oder weniger zu tun, was sie wollen, solange sie »Terrorabwehr« und »Nationale Sicherheit« darüberschreiben, wundert niemanden. Genauso wenig wie die Tatsache, dass sich die Zahl der klassifizierten Dokumente und Berichte seit den Anschlägen des 11. Septembers vervielfacht hat, gleichzeitig mit einem starken Anstieg der Befugnisse zur Überwachung und Kontrolle der Bürger. Während sich die Exekutive des Staats also immer mehr verselbstständigt, werden die Rechte auf Privatsphäre und Intimität seiner Bürger immer weiter eingeschränkt: Immer gläserner werdende Individuen sehen sich einer immer unsichtbarer werdenden Macht gegenüber. WikiLeaks war die Antwort auf dieses Dilemma und lieferte quasi die Steinschleuder in diesem Kampf zwischen David und Goliath, indem es dem Individuum mit technischer Finesse Anonymität und Sicherheit verschaffte – und die Geheimnisse des Staats und der Konzerne entblößte und ihre zwielichtigen und kriminellen Machenschaften an die Öffentlichkeit brachte.

Es scheint deshalb nicht falsch, wenn Julian Assange WikiLeaks als »Geheimdienst des Volkes« bezeichnet hat: Wie alle anderen Geheimdienste sammelt er schwer zugängliche Informationen, aber anders als alle anderen Geheimdienste stellt er sie der Öffentlichkeit zur Verfügung. Wie andere Dienste hat er seine Agenten und Zuträger, aber er bezahlt sie nicht, er kennt sie oftmals nicht einmal und erteilt auch keine Aufträge, außer der einzigen und allgemeinen Aufforderung, Belege und Beweise für Korruption und Kriminalität der Herrschenden, für den Missbrauch demokratisch verliehener Macht, zu veröffentlichen. Weil der Verleiher dieser Macht, das Volk, möglichst umfassend informiert sein muss, bevor es die Entscheidungen trifft, an wen es seine Souveränität für einen gewissen Zeitraum abgibt, entsprechen solche Veröffentlichung in jeder Hinsicht den Prinzipien von Demokratie und Rechtsstaatlichkeit. Darum wird der Pressefreiheit in allen demokratischen Verfassungen ein so hoher Rang eingeräumt und darum stellt WikiLeaks ein in jeder Hinsicht schützenswertes Rechtsgut dar. Denn dieser »Geheimdienst des Volkes«, der das Gegenteil eines Geheimdiensts ist, weil er all sein Wissen publiziert, tut letztlich nichts anderes als das, was für die Presse als vierte Säule der Demokratie verpflichtend ist: die Rechtmäßigkeit der drei anderen Säulen zu kontrollieren. Diese Wachhund-Funktion ist in den letzten Jahrzehnten unter die Räder gekommen. Die immer stärker werdende Konzentration der Medienbranche – in den USA liefern sechs Konzerne neunzig Prozent des Medienoutputs[6] – hat die idealtypische Vielfalt von Stimmen und Meinungen im öffentlichen Debattenraum zu einer kontrollierten »Konsens-Manufaktur« (Noam Chomsky) geschrumpft und den idealtypischen Wachhund zu einem Schoßhund der Mächtigen. In dieser Situation war ein Projekt wie WikiLeaks eigentlich das Gebot der Stunde und der Aufstieg Julian Assanges zum berühmtesten und berüchtigtsten Publizisten der Welt kein Zufall – die

Konzentration konzernabhängiger Medien und der Niedergang des unabhängigen und investigativen Journalismus machten es möglich. Und die US-Regierung richtete schon 2008 eine Task Force mit Geheimdienst- und Militärexperten ein, die Wege finden sollte, wie man WikiLeaks und seinen Gründer zum Schweigen bringen könne. Der »Geheimdienst des Volkes« ist durch die Pressefreiheit geschützt, denn auch wenn das Material nicht auf legalen Wegen und unter Verletzung von Persönlichkeits-, Urheber- und weiteren Rechten zur Publikation gelangte, überwiegt das öffentliche Interesse an der Aufdeckung etwa von Kriegsverbrechen diese Rechte. Insofern sind diese Veröffentlichungen rechtlich auch genauso einzustufen wie die von Zeitungen oder anderen Medien. WikiLeaks und Julian Assange bewegen sich auf dem Boden der Verfassung und sind juristisch nur schwer angreifbar. Da kam 2012 ein Vorfall in Schweden wie gerufen.

Sex, Lügen und Julian Assange
»Sex, Lügen und Julian Assange« ist der Titel eines Films des australischen Fernsehens aus dem Jahr 2012,[7] der die Geschichte der Strafanzeige wegen Vergewaltigung dokumentiert, die Julian Assange in das Exil der ecuadorianischen Botschaft und nach sieben Jahren in die Fänge der britischen Justiz brachten. Caitlin Johnstone ist auf den Vergewaltigungsvorwurf ebenfalls eingegangen, und wer ihre Ausführungen oder diese Dokumentation zur Kenntnis

nimmt, erkennt ein von Beginn an abgekartetes Spiel. Damit soll nicht gesagt sein, dass Anna A. und Sofia W. gekaufte Darstellerinnen waren, die ihr Opfer in eine »Honigfalle« locken sollten – sie waren eher so etwas wie die Groupies eines Rockstars, zu dem Julian Assange mittlerweile aufgestiegen war, und nur scharf darauf, einen solchen Helden ins Bett zu kriegen. Der ließ da, ganz rockstarmäßig, offenbar auch nichts anbrennen und wandte sich nach drei Tagen bei Anna dann Sofia zu. Weil er einen Aids-Test ablehnte, den Anna im Nachhinein verlangte, überredete diese Sofia, mit ihr zur Polizei zu gehen, und so kam der Stein ins Rollen, der Julian Assange in den Abgrund ziehen sollte. Die beiden Frauen waren dabei aber schnell aus dem Spiel, ebenso wie die Oberstaatsanwaltschaft Schwedens, die Assange die Ausreise nach England gestattete, weil nichts gegen ihn vorlag – bis plötzlich wenige Tage später eine »Red Notice« herausgegeben wurde, ein internationaler Haftbefehl von Interpol, der in der Regel nur für Schwerverbrecher und flüchtige Diktatoren erlassen wird.

Mag man für die Aktionen der beiden Frauen vielleicht noch die Entschuldigung gelten lassen, dass sie in einer Mischung aus Ansteckungssorge, Rache und weiblicher Solidarität gehandelt haben, als sie zur Polizei gingen, doch für das, was seitdem geschah, lassen sich keine mildernden Umstände mehr finden – es ist eine Staats- und Polizeiaktion auf internationaler Ebene, die zweifellos auf Druck der Vereinigten Staaten hin läuft und mit einem ordentlichen, rechtsstaatlichen Ermittlungsverfahren nichts mehr zu tun hat. Schon wenige Stunden nach der Aussage der beiden Frauen wurde diese an die Boulevardpresse weitergegeben und stand am nächsten Tag auf der Titelseite, ging von da rund um die Welt und blieb bis heute ein Thema, das mit immer grotesker werdenden juristischen Winkelzügen am Laufen gehalten wurde. Assanges Anwälte klagten über drei Instanzen bis zum höchsten englischen Gericht gegen das Auslieferungsgesuch Schwedens und wurden am Ende vom Supreme Court abgewiesen. Mit welchen unglaublichen Tricks dabei gearbeitet wurde, beschreibt der ehemalige britische Botschafter und Unterstützer Julian Assanges:

»Der ursprüngliche Berufung Assanges beim UK Supreme Court stützte sich im Wesentlichen auf die Tatsache, dass der schwedische Antrag zur Auslieferung Assanges nicht von einem Richter, sondern von einem Staatsanwalt gestellt worden war, also nicht von einer rechtlichen Autorität. Ich habe keinerlei Zweifel, dass die britischen Gerichte bei der Anklage irgendeiner anderen Person im Vereinigten Königreich den Antrag einer Staatsanwaltschaft akzeptiert hätten. Die unfassbare und offene Voreingenommenheit der Gerichte gegen Assange ist vom ersten Tag an belegt. Meine Überzeugung wird durch die Tatsache bestätigt, dass die britische Regierung, unmittelbar nachdem Assange seinen Fall vor dem Supreme Court verloren hatte, das Gesetz änderte und festlegte, dass künftige Haftbefehle von einem Richter und nicht von einem Staatsanwalt kommen müssen. Das ist nur eine der unglaublichen Fakten über den Fall Assange, die von den Mainstreammedien vor der allgemeinen Öffentlichkeit verborgen wurden.«

Das Urteil des UK Supreme Courts gegen Assange darüber, ob ein schwedischer Staatsanwalt eine ›rechtliche Autorität‹ (judicial authority) darstellt, hängt an einer beispiellosen und geradezu unglaublichen Beweisführung. Lord Philips [der Präsident des Supreme Courts, Anm. d. Autors] schloss aus dem englischen Text des ›Europäischen Auslieferungsvertrags‹ (EWA), dass ein schwedischer Staatsanwalt nicht als ›judicial authority‹ gelten kann, dass aber die französische Version ›autorite judiciaire‹ einen schwedischen Staatsanwalt einschließt. Da beide Texte gültig sind, entschloss sich Lord Philips, den Text in französischer Sprache dem englischen vorzuziehen, eine absolut erstaunliche Entscheidung, da man davon ausgehen kann, dass die britischen Verhandler dieses Vertrags mit dem englischen Text gearbeitet haben, ebenso wie die Minister und das Parlament, das ihn ratifizierte.

Ich habe mir das nicht ausgedacht – Sie können Philips erstaunliches Stück linguistischer Gymnastik in seinem Urteil finden.[8] Es ist undenkbar, dass so gegenüber jemand anderem als Julian Assange gehandelt worden wäre, und wenn, dann wäre der Aufschrei der Medien, wie man denn französische Begriffe und somit die französische Rechtstradition bevorzugen könne, ohrenbetäubend gewesen. Aber angesichts der offenen staatlichen Feindseligkeit gegen Assange ging das alles ganz ruhig über die Bühne und danach wurde das Gesetz geändert, um zu verhindern, dass so etwas jemand anderem geschieht.«[9]

Nachdem schwedische Staatsanwälte 2017 in der ecuadorianischen Botschaft mit Assange gesprochen hatten, wurden der Fall und der Auslieferungsantrag zu den Akten gelegt – um jetzt nach seiner Verhaftung wieder aufgenommen zu werden, unter anderem auf Drängen britischer Behörden, die freilich nach der Gesetzesänderung jetzt einen richterlichen Beschluss erwarten. Den hat die schwedische Staatsanwaltschaft nun Mitte Mai 2019 bei einem Gericht beantragt und das Verfahren um die Entscheidung, ob jetzt ein europäischer Haftbefehl ausgestellt wird oder nicht, gibt Assange die Möglichkeit, gegen die Vorwürfe, die er energisch abstreitet, gerichtlich vorzugehen. Doch seinem schwedischen Anwalt wird im Hochsicherheitsgefängnis Belmarsh, in dem Julian Assange festgehalten wird, kein Zugang zu seinem Mandanten gestattet. Am 3. Juni dann lehnte das schwedische Gericht den Antrag der Staatsanwaltschaft ab, einen Haftbefehl auszustellen. Eine Auslieferung nach Schweden droht Julian Assange nun nicht mehr.

Die neue Inquisition
Die Frage, ob es besser für den WikiLeaks-Gründer wäre, nach Schweden oder in die USA ausgeliefert zu werden, ist schwer zu beantworten – und müsste ei-

gentlich auch gar nicht beantwortet werden, denn in keinem dieser Länder liegt etwas gegen ihn vor, das eine Auslieferung wirklich rechtfertigen würde. Der Vorwurf der »Verschwörung« mit Chelsea Manning steht auf ebenso tönernen Füßen wie der Vorwurf der »Vergewaltigung« in Schweden. Und was die Justizbehörden beider Länder und Großbritanniens in Sachen Assange bisher veranstaltet haben, hat mit fairem, rechtsstaatlichem Procedere nichts zu tun. Es ist eine Jagd, die an das Unwesen der »Heiligen Inquisition« gemahnt und, wie sich Craig Murray erinnert:

»Julian revolutionierte das Publikationswesen, indem er der Öffentlichkeit direkten Zugang zu großen Mengen Rohmaterial verschaffte, das zeigte, was die Regierung geheim halten wollte. Durch den der Öffentlichkeit gewährten, direkten Zugang wurden die Filter und Moderationen durch die journalistische und politische Klasse umgangen. Im Gegensatz zu etwa den ›Panama Papers‹, von denen – entgegen aller Versprechungen – gerade mal zwei Prozent des Materials veröffentlicht wurden, wobei große westliche Unternehmen und Persönlichkeiten vor Enthüllungen vollständig geschützt waren, weil die Mainstreammedien als Vermittler genutzt wurden. Oder vergleichen wir WikiLeaks mit den Snowden Files, deren überwiegender Teil nun begraben wurde und nie mehr veröffentlicht wird, weil man sie dummerweise dem *Guardian* und ›The Intercept‹ anvertraut hatte. Assange hat diese Vermittlerrolle der Journalisten ausgeschaltet und, indem er der Öffentlichkeit die Wahrheit über ihre Regierenden zugänglich machte, eine wesentliche Rolle dabei gespielt, das Vertrauen der Öffentlichkeit in ein politisches Establishment zu untergraben, das sie ausbeutet.

Es gibt eine interessante Parallele in der Reaktion auf die Gelehrten der Reformation, die die Bibel in die Landessprachen übersetzten und der Bevölkerung direkten Zugang zu ihren Inhalten gaben, ohne die vermittelnden Filter der Priesterklasse. Solche Entwicklungen provozieren außergewöhnliche Gehässigkeit bei jenen, deren Position bedroht ist. Ich sehe in dieser Hinsicht eine historische Parallele zwischen Julian Assange und William Tyndale. Das sollten wir im Gedächtnis behalten, um die Tiefe des staatlichen Hasses gegenüber Julian zu verstehen.«[10]

Mir gefällt dieser historische Vergleich, weil er das Augenmerk auf die Sache richtet, um die es im Fall Assange und WikiLeaks geht. Auf den revolutionären Akt, der Bevölkerung die ganze »Wahrheit« direkt zugänglich zu machen, die von einer elitären Klasse nur gefiltert und zensiert und stets im Sinne des eigenen Machterhalts zugeteilt wird. Um nichts Anderes geht es bei WikiLeaks und nichts Anderes ist der Grund für die Verfolgung und Verurteilung von Julian Assange – es ist nicht seine Person, es ist nicht der juristische Streit über einvernehmlichen Sex und defekte Kondome, es ist der Klartext über den Krieg, die Kriminalität und die Korruption der Herrschenden, den er der Öffentlichkeit offenbart hat.

Nachdem durch Edward Snowden die Überwachungsprogramme PRISM und Tempora der »National Security Agency« (NSA) bekannt geworden waren, deren Tentakeln sich bis auf das Handy von Bundeskanzlerin Merkel erstreckten, konnte einem George Orwells *1984* schon durchaus in den Sinn kommen. Dass mit dem Wahlsieg von Donald Trumps »alternativen Fakten« dann auch die Verkaufszahlen dieses Klassikers in die Höhe stürmten, war sehr erfreulich, weil man diesem Buch gar nicht genug Leserinnen und Leser wünschen kann. Doch selbst Orwells dystopische Fantasie konnte noch nicht das eigentlich Bedrohende an der heutigen Überwachungstyrannei ausmachen: Big Brother 2.0 ist kein monolithisches Regime, kein Staat mehr, er hat seine Überwachungs-, Kontroll- und Sicherheitsmaßnahmen an Privatunternehmen ausgelagert. Der Whistleblower Snowden war kein Staatsbeamter, sondern Angestellter eines IT-Unternehmens, die aktuellen Kriege werden nicht von Wehrpflichtigen, sondern von Söldnerfirmen geführt, und die Propaganda des »Ministeriums für Wahrheit« wird nicht aus einem Regierungsgebäude heraus, sondern von einer Handvoll Medienkonzerne und Werbeagenturen gesteuert. Das heißt, der Big Brother-Apparat ist zu einem gigantischen, milliardenschweren Geschäft geworden, für das die Parlamente und die Politiker nur noch eine institutionelle Fassade liefern. Ihre Macht können sie nur so weit ausüben, wie sie mitspielen – was erklärt, warum die Reaktionen der Politik auf die enthüllte

Totalüberwachung selbst der Kanzlerin absolut lauwarm ausfielen. Denn es ist klar, was geschieht, wenn ein Abgeordneter, Minister, Verfassungsrichter oder General ernsthaft gegen diesen Apparat vorzugehen droht. Da auch seine Mails, Telefonate und Aktivitäten aufgezeichnet sind, wird er schnell Besuch von einem freundlichen Herrn bekommen, der ihn an sein verschwiegenes Konto in Liechtenstein erinnert, an die lustvollen Überstunden mit seiner Sekretärin oder an den minderjährigen Stricher, dem er auf einer Dienstreise vor ein paar Jahren in die Hose gefasst hat. Und dass er doch sicher kein Interesse daran habe, diese Dinge morgen in der Zeitung zu lesen … und deshalb doch bitte kraft seines Amtes der Öffentlichkeit klarmachen möge, dass diese Überwachungsprogramme allein der Sicherheit und der Abwehr von Terrorismus dienten und kein gesetzestreuer Bürger irgendetwas zu befürchten habe.

»Wenn ich an meinem Schreibtisch saß und eine private Postadresse hatte, konnte ich jeden abhören, von deinem Buchhalter bis zu einem Bundesrichter oder den Präsidenten selbst«,[11] hat Edward Snowden über seinen Arbeitsplatz gesagt, von dem aus er im Namen von »Sicherheit« und der »Terrorbekämpfung« weltweit Daten absaugen konnte, nicht nur bei erklärten »Feinden«, sondern auch bei ihren eigenen Bürgern.

Anders als Chelsea Manning, die ihre Enthüllungen bei WikiLeaks deponierte, wo sie komplett veröffentlicht wurden, hatte Edward Snowden sein Material

Journalisten anvertraut – dem *Guardian* und dem Online-Magazin »The Intercept« – mit dem Ergebnis, dass nur ein Bruchteil davon das Licht der Öffentlichkeit erblickte. Im April 2019 teilte die von dem Ebay-Milliardär Pierre Omidyar finanzierte Plattform »The Intercept« mit, dass zur weiteren Sichtung und Bearbeitung des Snowden-Materials leider kein Budget mehr zur Verfügung steht. Man muss kein Prophet sein, um die Prognose zu wagen, dass es nunmehr für immer verborgen bleiben wird. Was vermutlich auch für die Enthüllungen der »Panama-Papers« gilt, aus denen der Verbund von Medienhäusern, denen sie zugespielt wurden, nur über die illegalen Geschäfte ganz bestimmter Banken und Oligarchen berichtete und bei weitem nicht über alle beteiligten Institute und Milliardäre.

Diese Beispiele verweisen einmal mehr auf die Qualität des radikalen Transparenz-Prinzips von WikiLeaks: Nur das Ausschalten der Priesterklasse, der Schleusenwärter und Gatekeeper, macht es möglich, die ganze Wahrheit ans Licht zu bringen. Und so wie erst die komplette Bibelübersetzung der Bevölkerung ermöglichte, sich selbst ein Bild über das »Wort Gottes« zu machen, so kann sie sich auch heute nur dann ein Bild über die politische Realität machen, wenn die institutionellen Filter und Zensoren umgangen werden. Und so wie die Bibelübersetzer im 16. Jahrhundert vor den Häschern der Inquisition geschützt werden mussten – was bei einigen nicht gelang –, müssen heute die Whistleblower geschützt werden, doch unter der vermeintlich liberalen Regierung Obamas wurden mehr von ihnen strafrechtlich verfolgt als unter jedem anderen Präsidenten zuvor. Drei weitere Whistleblower, die »The Intercept« Material anvertrauten, sind mittlerweile in den Fängen des FBI gelandet[12] – was zeigt, welch hervorragende Arbeit WikiLeaks über die Jahre geleistet hat, denn keine seiner vielen Quellen wurde jemals von WikiLeaks der Anonymität beraubt und der Inquisition ans Messer geliefert. Dass die Veröffentlichungen von WikiLeaks ihrerseits Unschuldige ans Messer geliefert hätten, wie im Zuge der Verleumdungen Assanges immer wieder behauptet wird, ist ebenfalls unwahr– in der Anklageschrift zu seiner Auslieferung wird auch kein einziger konkreter Fall benannt.

Aber er ist doch Verrat, staatliche und militärische Geheimnisse an die Öffentlichkeit zu bringen! Wirklich? Dass William Tyndale einst die Bibel ins Englische übertrug, war »Verrat« nur in den Augen der Kirchenfürsten, die die Worte und Deutung der Bibel allein ihrer (Latein sprechenden) Priesterkaste vorbehalten wollten. Auf dem Privileg, als Wächter dafür verantwortlich zu sein, wie das »Wort Gottes« die Massen erreichte, basierte ihre Macht.

Nicht anders ist es in heutigen Staaten, Macht beruht auf Geheimhaltung – »Real power begins where secrecy begins« (Hannah Arendt) – und so gibt es seit den Zeiten des antiken römischen Reichs arcana imperii: Staatsgeheimnisse. Mit dem Entstehen der modernen Demokratien wuchs daraus ein fundamentales Paradox: der Konflikt zwischen dem politischen Gebot der Transparenz und demokratischen Kontrolle auf der einen Seite und dem Einsatz von Geheimhaltung und heimlichen Operationen auf der anderen.

»Erst in modernen Demokratien – und nicht in modernen Diktaturen – stellen die arcana imperii einen inhärenten Selbstwiderspruch des politischen Systems genau dadurch da, dass sie im Dienste des Schutzes und der Abwehr von Bedrohungen eine Grauzone der Rechtlosigkeit und Unkontrollierbarkeit eröffnen, in der verschwiegen, belogen, bespitzelt, gestohlen, desinformiert, erpresst, schlimmstenfalls getötet werden kann.« So Eva Horn in ihrer Untersuchung *Der geheime Krieg*.

Hören wir dazu einen der aktuellen Hüter der »arcana imperii« an, den amtierenden US-Außenminister Mike Pompeo, den man dafür bejubelte, als er Anfang Mai Studenten in Chicago von seiner früheren Tätigkeit bei der CIA erzählte: »Wir haben gelogen, wir haben betrogen, wir haben gestohlen, dafür hat es richtige Kurse gegeben. Das erinnert uns an die Herrlichkeit des amerikanischen Experiments.[13]

Solcherlei »Herrlichkeit« als das zu entlarven, was sie ist, nämlich eine verbrecherische, mörderische Niedertracht, sind Assange und WikiLeaks angetreten. Sie haben Licht in die Grauzone der Rechtlosigkeit und Unkontrollierbarkeit gebracht und als Kammerjäger der Demokratie – »Licht an, Ratten raus!« – da für Transparenz gesorgt, wo die Herrschenden im Dunkeln operieren, sie haben als

»Geheimdienst des Volkes« nicht die Herrschenden, sondern den eigentlichen Souverän, das Volk, mit Wissen versorgt; sie haben nicht gestohlen, gelogen und betrogen, sondern Informationen zugänglich gemacht, die von Betrügern, Dieben und Lügnern im Namen des Staats vertuscht werden. Sie haben keine Unschuldigen in Gefahr gebracht, sondern Schuldige entlarvt. Sie haben gezeigt, dass der Kaiser nackt ist. Und dass seine demokratischen »Werte« nur eine durchsichtige Fassade sind, hinter der es mit Krieg, Korruption und Kriminalität um nichts anderes geht als um Macht.

Julian Assange hat das eigentliche »arcanum« des amerikanischen Imperiums verraten – die Tatsache, dass Volkssouveränität und Demokratie nur eine Farce sind – und dafür wird er von den Herrschenden und ihren Handlangern so abgrundtief gehasst.

175 Jahre für die Wahrheit

Aus diesem Hass macht die Anklageschrift des United States Court For The Eastern District of Virginia, die am 23. Mai 2019 veröffentlicht wurde, keinen großen Hehl, schon im ersten Satz ist nicht von dem Journalisten Julian Assange die Rede, sondern von einem feindlichen »Geheimdienst des Volkes«:

»Julian Paul Assange ist das öffentliche Gesicht von ›WikiLeaks‹, einer Webseite, die er mit anderen als ›Geheimdienst des Volkes‹ gründete. Um Informationen zur Veröffentlichung zu erhalten, forderte WikiLeaks seine Quellen auf, legale Informationsschranken zu umgehen, die geschützten Informationen WikiLeaks zur öffentlichen Verbreitung zur Verfügung zu stellen und nach diesem illegalen Muster WikiLeaks weiter Informationen zu beschaffen und zur Verbreitung in der Öffentlichkeit zu liefern.«[14]

Was folgt, sind Belege, wann und wie Assange dazu aufgerufen hat, WikiLeaks geheime und vertrauliche Informationen zur Verfügung zu stellen, und sodann die achtzehn Anklagepunkte, die die einzelnen WikiLeaks-Veröffentlichungen aus den Kriegen in Irak und Afghanistan, dem Lager in Guantanamo und den diplomatischen Depeschen betreffen. Sowie die Hilfe, die er Chelsea Manning bei der Entschlüsselung eines Passworts geleistet haben soll. Zwar ist bei einigen Punkten dann davon die Rede, dass durch diese Veröffentlichung »Leben und Freiheit« von Angehörigen oder Informanten der Vereinigten Staaten gefährdet sowie die »nationale Sicherheit« bedroht worden sei – doch irgendein konkreter Beleg für diese behauptete Gefährdung wird in der Anklageschrift an keiner Stelle benannt. Tatsächlich hatte ein Beamter des Verteidigungsministeriums schon 2013 vor einem Gericht bekundet, dass dem Pentagon kein durch WikiLeaks-Publikationen verursachtes Opfer bekannt sei.[15]

Und die neue Anklage der US-Staatsanwälte spricht nicht dafür, dass sich seitdem daran etwas geändert hat, sonst wäre es hier als blutiger Beleg für die ruchlose Verantwortungslosigkeit dieses feindlichen »Geheimdiensts« sicher aufgetaucht. Ebenfalls nicht erwähnt werden die geleakten E-Mails von Hillary Clinton und des DNC, die WikiLeaks und Julian Assange die Verleumdung eingebracht haben, ein Unterstützer Trumps und/oder ein Agent Putins zu sein.

War ihm in der ersten Anklage, die im April 2019 veröffentlicht wurde, nur die Verschwörung mit Chelsea Manning für einen Hackerangriff vorgeworfen worden, enthält die neue Anklageschrift nunmehr siebzehn weitere Punkte, die unter das US-Bundesgesetz des »Espionage Act« fallen, der den Verrat militärischer Informationen unter Strafe stellt.

Um eine Auslieferung aus England zu erreichen – was bei drohender Todesstrafe wegen britischer und europäischer Gesetze nicht möglich ist –, teilte das US-Justizministerium mit, dass Assange bei einer Verurteilung pro Anklagepunkt mit einer Höchststrafe von zehn Jahren Gefängnis rechnen müsse, für die erste Anklage der Verschwörung zum Eindringen in ein Computersystem wäre die Höchststrafe fünf Jahre. Es drohen maximal also »nur« 175 Jahre Haft.

Die Juristen der Obama-Regierung hatten eine Anklage nach dem Spionage-Gesetz zwar lange erwogen, dann aber fallenlassen, weil davon dann auch sämtliche klassischen Medien betroffen wären, die die von WikiLeaks bereitgestellten Informationen ebenfalls veröffentlichen.

»Rechtswissenschaftler glauben, dass die Verfolgung von Reportern wegen ihrer Arbeit das First Amendment (den Verfassungsgrundsatz der Rede- und Pressefreiheit) verletzte, doch dies wurde noch nie von einem Gericht verhandelt, da die Regierung noch nie einen Journalisten unter dem Espionage Act angeklagt hat«, schreibt die New York Times jetzt dazu.[16] Auf eine entsprechende Frage antwortete ein Sprecher des Justizministeriums bei einer Pressekonferenz: »Das Ministerium nimmt die Rolle von Journalisten in einer Demokratie sehr ernst … Es ist nicht und war nie die Politik des Ministeriums, sie wegen ihrer Berichterstattung zu verfolgen. Aber Julian Assange ist kein Journalist.«[17]

Die *New York Times* merkt dazu an: »Auch wenn er kein konventioneller Journalist ist, ist doch vieles, was Assange bei WikiLeaks tut, auf rechtlich sinnvolle Weise schwierig von dem zu unterscheiden, was traditionelle Presseorganisationen wie die *New York Times* tun: Informationen zu finden und zu publizieren, die die Regierung geheim halten will, einschließlich Angelegenheiten der nationalen Sicherheit, und Schritte zu unternehmen, um ihre Quellen zu schützen.«

Kommt die einst führende amerikanische Zeitung, für die Julian Assange im Russiagate-Fake News-Zirkus gerade noch ein Oberschurke war, etwa langsam zur Vernunft und versteht, dass der Fall Assange und dessen Anklage ihr höchsteigenes Metier – den Journalismus – im innersten Kern bedroht ? Es wäre sehr zu wünschen, denn wenn Assange ausgeliefert und nach dieser Anklage verurteilt wird, wäre dies der Todesstoß für die Pressefreiheit. Niemand könnte dann noch etwas über die geheimen Aktivitäten des

US-Imperiums veröffentlichen, ohne dem Zugriff und der Bestrafung durch die neue Inquisition ausgesetzt zu sein. Nicht nur in den Vereinigten Staaten, sondern überall auf der Welt.

Stellen sie sich einen vergleichbaren Fall vor, bei dem zum Beispiel ein deutscher Journalist Informationen über Korruption in der kommunistischen Partei Chinas erhält, oder Dokumente über international geächtete Chemiewaffen in der russischen Armee oder Belege, dass die Regierung eines europäischen Lands sich mit Millionen Schwarzgeldern ihre Wiederwahl gesichert hat – und diese Informationen veröffentlicht. Worauf Peking oder Moskau oder dieses europäische Land mit einem internationalen Haftbefehl wegen Verrats von Staatsgeheimnissen die Auslieferung dieses Journalisten fordern. Würde es ihrem persönlichen Rechtsempfinden entsprechen, dass ein deutsches Gericht diesem Ersuchen stattgibt? Sehr wahrscheinlich nicht, denn auch ohne ausgeprägten Gerechtigkeitssinn oder besondere Gesetzeskenntnisse erschließt sich dem gesunden Menschenverstand keine Antwort auf die Frage, warum ein deutscher Journalist eigentlich verpflichtet sein soll, chinesische oder russische Staatsgeheimnisse zu hüten, und bestraft werden muss, wenn er sie öffentlich macht. Nichts anderes muss selbstverständlich auch für den australischen Journalisten Julian Assange und die Veröffentlichung US-amerikanischer und anderer Staatsgeheimnisse gelten, die Anklage gegen ihn entbehrt – abgesehen von dem Punkt, dass er Chelsea Manning beim (letztlich erfolglosen) Knacken eines Passworts geholfen haben soll – jeder rechtlichen Grundlage. Wenn eine Auslieferung und Verurteilung aufgrund dieser Anklage erfolgt, heißt das nichts anderes, als dass fortan jeder Publizist und jeder Verlag überall auf der Welt zur Loyalität gegenüber den Vereinigten Staaten und zur Verschwiegenheit gegenüber ihren Staatsgeheimnissen verpflichtet ist und dass als »Journalist« nur noch gilt, wer von der künftigen »Reichsschrifttumskammer 2.0« in Washington nicht als »feindlicher Spion« eingestuft und mit internationalem Haftbefehl zur sofortigen Auslieferung ausgeschrieben ist.

»Ich bin ungebrochen, wenn auch buchstäblich von Mördern umgeben«

Die bisher erste und einzige Äußerung Julian Assanges seit seiner Inhaftierung, ein Brief an den befreundeten freien Journalisten Gordon Dimmack, ist ein erschütterndes Dokument:

»Ich wurde von allen Möglichkeiten isoliert, mich darauf vorzubereiten, mich zu verteidigen: kein Laptop, kein Internet, kein Computer, keine Bibliothek, aber selbst, wenn ich Zugang bekomme, wird es nur für eine halbe Stunde mit allen anderen einmal pro Woche sein. Nur zwei Besuche im Monat und es dauert Wochen, bis jemand auf die Anrufliste kommt und in diesem Catch-22 seine Daten zur Sicherheitskontrolle erhält. Dann werden alle Anrufe außer mit dem Anwalt aufgezeichnet und sind maximal zehn

Minuten lang, innerhalb von dreißig Minuten pro Tag, in denen alle Gefangenen um das Telefon konkurrieren. Und Guthaben? Nur ein paar Pfund pro Woche und niemand kann anrufen.

Eine Supermacht, die sich seit neun Jahren mit hunderten von Menschen und ungezählten Millionen auf den Fall vorbereitet. Ich bin wehrlos und ich zähle auf dich und andere mit gutem Charakter, um mein Leben zu retten.

Ich bin ungebrochen, wenn auch buchstäblich von Mördern umgeben. Aber die Tage, an denen ich lesen und sprechen und mich organisieren konnte, um mich, meine Ideale und meine Leute zu verteidigen, sind vorbei, bis ich frei bin. Alle anderen müssen meinen Platz einnehmen.

Die US-Regierung bzw. die bedauerlichen Elemente in ihr, die Wahrheit, Freiheit und Gerechtigkeit hassen, versuchen, meine Auslieferung und meinen Tod zu erschleichen, anstatt die Öffentlichkeit die Wahrheit hören zu lassen, für die ich die höchsten Auszeichnungen im Journalismus erhalten habe und siebenmal für den Friedensnobelpreis nominiert wurde. Die Wahrheit ist letztendlich alles, was wir haben.«[18]

Wenige Tage nach diesem Schreiben musste Julian Assange in das Militärhospital des Hochsicherheitsgefängnisses Belmarsh eingeliefert werden. Er hatte seit Beginn seiner Haft Anfang April stark an Gewicht verloren und war Ende Mai laut Angaben seiner Anwälte nicht einmal mehr in der Lage, Gespräche mit ihnen zu führen. Nachdem eine Ärztin schon im April einen Bericht an das Büro des UN-Kommissars für Menschenrechte geschickt hatte,[19] konnte der Sonderbeobachter für Folter der Vereinten Nationen, der Schweizer Professor Dr. Nils Melzer, am 9. Mai Julian Assange im Gefängnis besuchen. Er wurde von zwei Medizinern begleitet und veröffentlichte am 31. Mai seinen Bericht und einen flammenden Appell:

»Die Beweise sind überwältigend und klar: Mr. Assange wurde über einen Zeitraum von mehreren Jahren hinweg bewusst schweren Formen grausamer, unmenschlicher oder erniedrigender Behandlung oder Strafe ausgesetzt, deren kumulative Auswirkungen nur als psychologische Folter beschrieben werden können. […]

In zwanzig Jahren Arbeit mit Opfern von Krieg, Gewalt und politischer Verfolgung habe ich noch nie erlebt, dass sich eine Gruppe demokratischer Staaten zusammengeschlossen hat, um ein einzelnes Individuum so lange Zeit und unter so wenig Berücksichtigung der Menschenwürde und der Rechtsstaatlichkeit bewusst zu isolieren, zu dämonisieren und zu missbrauchen. Die kollektive Verfolgung von Julian Assange muss hier und jetzt enden!«[20]

Deutlicher kann man das Unrecht kaum benennen, das Julian Assange seit Jahren angetan wird – und dass diese Anklage von der höchsten Menschenrechtsbehörde veröffentlicht wird, sollte klarmachen, dass die Forderung »Freiheit für Julian!« nicht nur ein Gebot der Demokratie und Pressefreiheit ist, sondern auch eines der Menschenrechte. Den Jägern von Julian Assange, denen jedes Mittel recht ist, ihn zur Strecke zu bringen, und die ihm durch Isolation und psychologische Folter das Rückgrat brechen wollen, muss Einhalt geboten werden. Die Ignoranz und das Schweigen all der Medien, die mit WikiLeaks zusammengearbeitet haben, darf nicht länger anhalten, die Weltöffentlichkeit muss sich für Julian Assange einsetzen, und wenn von den USA, Großbritannien, Schweden und seinem Heimatland Australien keine Hilfe zu erwarten ist, dann müssen es andere Länder tun. Oder sind wir im »freien Westen« schon so weit, dass Leben und Freiheit jener Menschen, die Verbrechen unserer Regierungen aufdecken, nur noch in Russland geschützt wird? Sind unsere Presseorgane schon so heruntergekommen, dass sie die Verleumdungen Julian Assanges auch dann noch fortsetzen, wenn die Anklage aus den USA die ureigenen Interessen des gesamten Journalismus bedroht? Würden sie sich genauso verhalten, wenn ein bekannter Publizist in Moskau oder Peking derselben Verfolgung, Isolation und Folter ausgesetzt wäre wie Julian Assange in London? Mit Sicherheit nicht. Deshalb muss die Aufforderung von Nils Melzer in einem Interview bei »Democracy Now« vor allem ihnen gelten, den Redaktionen von der *New York Times* bis zum *Guardian*, von CNN bis MSNBC, ARD bis ZDF, von der *FAZ* bis zur *taz*:

»Ich glaube, wir müssen einen Schritt zurücktreten und uns all diese Verfahren ansehen, wie sie durchgeführt wurden, und zu unseren eigenen Schlussfolgerungen kommen, ob sie fair sind. Wir müssen auch einen Schritt zurücktreten und uns diese ganze Geschichte vom verdächtigen Vergewaltiger, Narzissten, egoistischen, undankbaren Menschen und Hacker ansehen und an der Oberfläche ein wenig kratzen und sehen, was darunter ist. Als mich sein Verteidigungsteam, das im Dezember letzten Jahres um Schutz unter unserem Mandat bat, zum ersten Mal ansprach, zögerte ich, dies zu tun, denn auch ich war von diesem Vorurteil betroffen, das ich durch all diese öffentlichen Erzählungen, die im Laufe der Jahre in den Medien verbreitet wurden, aufgenommen hatte. Und erst als ich ein wenig an der Oberfläche kratzte, sah ich, wie wenig Fundament es gibt, um dies zu untermauern, und wie viele erfundene Geschichten und Manipulationen es in diesem Fall gibt. Also ermutige ich alle, in diesem Fall wirklich unter die Oberfläche zu schauen.«[21]

Caitlin Johnstone, die dreißig dieser erfundenen Geschichten und Verleumdungen in ihrem Beitrag widerlegt hat, war eine der wenigen Journalisten, die sich dieser Sache angenommen hat – nicht in einer großen Zeitung oder einem Sender, sondern auf ihrem Blog und auf verschiedenen »alternativen« Webseiten. Dass es ein »rogue journalist« wie Caitlin Johnstone war, die als Bloggerin allein von ihren Leserinnen und Lesern finanziert wird, und die massiven Verleumdungen Assanges dokumentiert und widerlegt hat, ist bezeichnend. Und macht klar, was unser selbsternannter »Qualitätsjournalismus«

und seine großartigen Investigativabteilungen jetzt zu tun haben, nämlich die Lügen, den Müll und den Dreck, die sie über Julian Assange und WikiLeaks ausgeschüttet haben, zu beseitigen und die Wahrheit ans Licht zu bringen. Sowie die Verantwortlichen der gegen die Menschenrechte verstoßenden Verfolgung und Folter Assanges öffentlich zur Rechenschaft zu ziehen. Wie etwa den britischen Außenminister Jeremy Hunt, der auf die Veröffentlichung des UN-Beobachters antwortete: »Das ist falsch. Assange zog es vor, sich in der Botschaft zu verstecken, und war jederzeit frei, sie zu verlassen und sich der Justiz zu stellen. Der UN-Sonderbeobachter sollte britischen Gerichten erlauben, ihr Urteil zu fällen, ohne sich mit aufrührerischen Beschuldigungen einzumischen.«[22]

Nils Melzer antwortete dem Minister daraufhin auf Twitter: »Bei allem nötigen Respekt, Sir, Mr. Assange war zum Verlassen etwa so frei wie jemand in einem Gummiboot, das in einem Haifischbecken schwimmt.«[23]

Das ist ziemlich korrekt beschrieben und lässt auf Seiten des britischen Ministers tief blicken, der die Ergebnisse eines neutralen Gutachters und Experten für Folter als »aufrührerisch« vom Tisch zu wischen sucht. Ganz in der Tradition der »eisernen« Margaret Thatcher, die einst Nelson Mandela immer noch als »Terroristen« bezeichnete, als der ganze Rest der Welt seine sofortige Freilassung forderte.

Wer nur ein wenig an der Oberfläche des Falls Assange kratzt, wie es Nils Melzer im Auftrag der Vereinten Nationen getan hat, wird nicht umhinkönnen, ähnliche Forderungen wie er zu stellen: sofortige Beendigung der Isolationshaft, Verlegung auf eine zivile Krankenstation sowie die Abweisung des Auslieferungsantrags der Vereinigten Staaten, da er dort – wie die ganze Vorgeschichte seines Falles überdeutlich zeigt – kein faires Verfahren erwarten kann. Mehr als zehn Jahre haben Regierung und Geheimdienste der USA versucht, WikiLeaks und seinen Gründer zu diskreditieren und mundtot zu machen – nicht, weil er etwas verbrochen hat, nicht, weil er gelogen, betrogen oder gestohlen hätte oder irgendeinem Menschen etwas zu Leide getan, sondern allein, weil er sie bloßgestellt hat. Weil er ihre Verbrechen, ihre Lügen, ihre Foltergefängnisse und den Massenmord ihrer imperialistischen Kriege der Weltöffentlichkeit präsentiert hat. Dass WikiLeaks auch E-Mails veröffentlicht hat, in denen der Citibank-Vorstand »wie besprochen« die Minister benannte, die Obama dann ins Kabinett berief; oder die belegten, wie Hillary Clinton mit der demokratische Partei bei den Vorwahlen Bernie Sanders betrogen hat – diese und viele andere peinliche Enthüllungen aus dem Jahr 2016 sind in der Anklageschrift gar nicht erwähnt. Doch wer Hillary Clinton feixen sah, als sie auf einer Bühne die Nachricht vom Zugriff britischer Behörden auf Assange erreichte, kann ahnen, dass auch dumpfe Rache hier eine große Rolle spielt. Ein Imperium lässt sich nicht auf der Nase herumtanzen, hier muss ein Exempel statuiert werden.

Die von Trump-Anhängern gern verbreitete These, dass Assange bei einer Auslieferung wenig zu befürchten hätte, da ihr »Make America Great Again«-Führer im Wahlkampf schließlich verlautbart habe, dass er »WikiLeaks liebt«, ist absurd – denn hätte der Twitter-Präsident tatsächlich ein Herz für Assange, würde es diese Anklage sowie die inquisitorische Beugehaft für Chelsea Manning gar nicht geben. Auch die Verschwörungstheorie, dass Donald Trump beim »Trockenlegen des Sumpfs« 4-D-Schach spielt und eine derart drakonische Anklage nur erging, damit das Auslieferungsgesuch von britischen Gerichten guten Gewissens abgelehnt werden kann, entbehrt jeder vernünftigen Grundlage. WikiLeaks und Assange sind ein Dorn im Auge des Imperiums und müssen zum Schweigen gebracht werden – und wenn nicht auf dem elektrischen Stuhl, dann mit 175 Jahren Kerker. Dass ihn die britischen Behörden in ein paar Wochen wegen guter Führung laufen lassen müssen, weil er die Hälfte seiner Kautionsstrafe abgesessen hat, ist da keine Option. Nein, dass unter Trump jetzt angeklagt wird, was unter Obama zwar angedacht, aber nicht gemacht wurde, weil es die Pressefreiheit insgesamt betraf, passt durchaus ins Bild des rüden Politikstils der Trump-Regierung, die dank Twitter auf Hofberichterstattung und die Medien viel weniger angewiesen ist als alle vorherigen Administrationen. Trump kommuniziert mit seinen Untertanen direkt und pfeift auf unpassende Medienberichte, die er dann als Fake News bezeichnet. Leider bisweilen durchaus zu Recht; dass in Anbetracht des völlig irrsinnigen »Russiagate«-Zirkus derzeit die »Pressefreiheit« kein besonders schlagkräftiges Argument ist, hat also durchaus Gründe.

Umso wichtiger ist deshalb der Aufruf an alle derzeit so gescholtenen Medien und Journalisten, dem Appell des UN-Sonderbeobachters Nils Melzer zu folgen, unter die Oberfläche dieses Falles zu schauen und sich nach einem ehrlich betroffenen »mea culpa« an die Aufarbeitung des Unrechts zu begeben, das Julian Assange seit zehn Jahren angetan wird. Und alles dafür tun, das ihn nicht dasselbe Schicksal erreicht wie einst den »Whistleblower« Carl von Ossietzky, der in seiner Zeitschrift *Die Weltbühne* die illegale Aufrüstung der Reichswehr enthüllte und den die Nazis im KZ zu Tode quälten und ihn den Friedensnobelpreis 1935 nicht entgegennehmen ließen. Wenn Julian Assange und Chelsea Manning diesen Preis im Jahr 2019 erhalten würden – was sehr zu wünschen wäre –, dann darf kein neuer Hitler in der Lage sein, ihnen die Ausreise nach Oslo zu verbieten. Und kein Führer der »freien Welt«, kein Vertreter der Menschenrechte und »westlichen Werte« und kein Mensch, dem irgendetwas an Rede- und Pressefreiheit gelegen ist, darf weiter untätig dabei zusehen, wie ein Journalist und seine Quelle mit Isolation und Beugehaft gefoltert werden.

Was hier geschieht – das sollte man sich vor Augen führen –, ist ein Präzedenzfall. Noch nie hat die US-amerikanische Weltmacht einen ausländischen

Journalisten angeklagt, weil er ihre Geheimnisse publiziert hat, erstmals soll mithilfe eines Gesetzes aus dem Ersten Weltkrieg ein Publizist wie ein feindlicher Spion behandelt und bestraft werden. Nicht weil er selbst spioniert hat, sondern weil er das von Insidern zur Verfügung gestellte Material über illegale Aktivitäten veröffentlicht hat. Wenn es den Vereinigten Staaten gelingt, Julian Assange mit dieser Anklage ausliefern zu lassen und zu verurteilen, kann kein Journalist, kein Verlag und kein Sender, der irgendetwas an die Öffentlichkeit bringt, was die USA als »geheim« betrachten, vor einem Zugriff des Imperiums sicher sein. Ihn als »feindlichen Spion« einzustufen, macht es möglich und so wird dann künftig nicht mehr einer demokratischen Verfassung die Entscheidung obliegen, was Journalismus ist und was nicht, sondern dem Gutdünken der US-Regierung und ihren Geheimdiensten. Wer eine solche Willkürherrschaft verhindern will, muss verhindern, dass mit einer Auslieferung und Verurteilung Julian Assanges dieser Präzedenzfall eintritt. Und damit die Tore geöffnet werden zu einem Rückfall in die Barbarei der dunkelsten Zeiten des Faschismus und der Diktatur.

Um nicht weniger geht es bei diesem Präzedenzfall, den das US-Imperium schaffen will und deswegen Schweden und England unter Druck setzt, dabei Unterstützung zu leisten, was diese mit haarsträubenden Rechtsbeugungen und Schikanen seit Jahren tun. Dem muss spätestens jetzt Einhalt geboten werden, weil mit der Anklageschrift aus Virginia vollkommen klar geworden ist, dass es um weitaus mehr geht als um die Person Julian Assange – es geht darum, das Aufdecken von Verbrechen als Verbrechen zu sanktionieren. Wenn das gelingt, da hat Edward Snowden sehr recht, »werden wir von Verbrechern regiert« – und sie haben es mittlerweile so weit gebracht, dass ihr Opfer in der Gefangenschaft im Hochsicherheitstrakt fast halb tot ist und es ihnen sehr recht käme, wenn er dort morgen ganz verreckt. Was mit den Nowitschok-Experten vom britischen MI6, die vor dem Hochsicherheits-Krankenzimmer platziert sein könnten, auch kein echtes Problem wäre. Und wenn der *Guardian* brav mitspielt, der Assange unlängst noch mit Breaking Fake News als Trump-Helfer beschmierte, könnte man es sogar wieder Putin in die Schuhe schieben.

Doch Spaß beiseite: Bei allem Zynismus ist es höchste Zeit und ein Gebot der Menschenrechte, den wegen eines Kautionsvergehens isolierten Patienten in ein ziviles Hospital oder Sanatorium seiner Wahl zu überführen, wo er nicht von jeder Spritze oder Essensgabe befürchten muss, dass seine Jäger ihn vergiften wollen – eine Befürchtung, die in seinem Falle keineswegs paranoid, sondern durchaus realistisch scheint. Dass seine Feinde, die ihn und seine Leute seit über zehn Jahren jagen, jetzt aufgeben, wo ihre Beute wehrlos und krank in den Seilen hängt, sollte niemand erwarten. Wenn ihm jetzt niemand zur Seite steht und hilft, ist Julian Assange erledigt – und mit ihm die wichtigste Errungenschaft der Aufklärung und der Demokratie: die Rede- und Pressefreiheit und die Rechenschaftspflicht der Herrschenden.

Menschen wie Julian Assange, Chelsea Manning und Edward Snowden sind Pioniere einer neuen Aufklärung und einer radikal transparenten Demokratie. Sie haben sich mit dem mächtigsten Gegner angelegt, den man in unseren Zeiten herausfordern kann, dem Billionen schweren militärisch-industriellen Komplex der USA, der monströsen Kriegsmaschine des Imperiums. Sie wussten von Anfang an, dass sie allein keine Chance haben würden und nur eine breite Öffentlichkeit dafür sorgen könne, dass die mörderischen Untaten dieser Maschine gestoppt und die Verantwortlichen zur Rechenschaft gezogen werden. Und dass deshalb zuallererst die Wahrheit über diese Verbrechen bekannt werden muss, was sie nur wird, wenn den Überbringern dieser Wahrheit nicht der Kopf abgeschlagen wird. Diesen unschätzbaren Dienst hat Julian Assange mit WikiLeaks der Weltöffentlichkeit beschert, dafür fordert das Imperium seinen Kopf und es liegt jetzt allein an uns – der Öffentlichkeit –, ihn zu retten. Und wenn unsere Volksvertreter, die Politiker, es nicht tun, wenn Richter und Staatsanwälte sich vor den politischen Karren spannen lassen, statt nach Recht und Gesetz zu handeln und wenn die Großmedien weiter auf Diffamierungen und Fake News über Julian Assange setzen statt auf Recherche und die Wahrheit, dann bleiben nur die alternativen und sozialen Medien, der Protest auf der Straße, der Streik.

Freiheit für Julian Assange!
Hallo Influencer, hallo Rezo, die ihr der Politik gerade so schön gezeigt habt, wie Wahlkampf mit Fakten geht, schaut euch bitte mal den Fall WikiLeaks an und macht ein paar aufklärende Videos.

Hallo *taz*, die ihr euch so vorbildlich und mit viel Autocorso-Bohei für die Freiheit des inhaftierten Kollegen Deniz Yüksel eingesetzt habt, schaut bitte mal zum Hochsicherheitstrakt Belmarsh, wo der Kollege Assange gefoltert wird.

Hallo Grüne, Liberale, Linkspartei und Reste der SPD, schaut mal in eure Grundsatzprogramme. Wenn ihr in Sachen Demokratie, Rechtsstaatlichkeit, Pressefreiheit und Menschenrechte künftig noch irgendwie ernstgenommen werden wollt, könnt ihr die Verfolgung Julian Assanges nicht länger schulterzuckend hinnehmen.

Hallo Rechtswissenschaftler, Verfassungsrechtler und Verteidiger der Menschenrechte – lest den Bericht eures Kollegen und UN-Sonderbeobachters Prof. Dr. Melzer, rauft euch die Haare und macht dann der Öffentlichkeit klar, welches Unrecht Julian Assange geschehen ist und weiterhin geschieht und was mit einer Verurteilung auf dem Spiel steht.

Hallo Journalistinnen und Journalisten und alle, die »irgendwas mit Medien« machen. Bitte vergewissert euch, um was es im Fall Assange und WikiLeaks wirklich geht. Es geht nicht um irgendeinen Freak, der irgendwelche Geheimpapiere publiziert hat, sondern um die rechtliche Grundlegung eurer Arbeit. Letzteres habe ich mit den obenstehenden Ausführungen hoffentlich verdeutlichen können, Ersteres – die ganzen Verleumdungen Assanges, die sein Bild in der Öffentlichkeit verunstaltet haben – rückt Caitlin Johnstone im folgenden Beitrag nachhaltig zurecht.

Hallo Friedensnobelpreisträger, auch wenn euer Preis von Figuren wie »Bloody Henry« Kissinger und dem Drohnenmord-Fan Barack Obama leicht kontaminiert ist, habt ihr das Recht, neue Preisträger zu nominieren und ihnen und ihrer Sache damit eine Öffentlichkeit zu verschaffen. Für niemanden wäre dies 2019 wichtiger als für Chelsea Manning und Julian Assange. Niemand hat sich mehr und mutiger für den Frieden und gegen den Krieg eingesetzt als diese beiden.

Weil sich dieser Fall mit der Verschleppung Julian Assanges aus der Botschaft, der drakonischen Anklage aus den Vereinigten Staaten und der völlig unverhältnismäßigen Isolationshaft in einem Hochsicherheitstrakt so dramatisch schnell entfaltet hat, gibt es im Rhythmus weniger Tage neue Entwicklungen. Der Redaktionsschluss dieses Buches war der 4. Juni 2019, gerade einen Tag zuvor hat ein schwedisches Gericht entschieden, dass kein erneuter Haftbefehl gegen Julian Assange erlassen werden würde. Damit bestätigt sich, wie weiter oben schon ausgeführt wurde, dass die Verfolgung des »Vergewaltigers« Julian Assange von Beginn an eine Farce gewesen ist und nicht aus rechtlichen, sondern aus politischen Gründen erfolgte.

Dies ist die letzte aktuelle Information, die Eingang in dieses Buch finden konnte. Der erste Termin zur Verhandlung über das Auslieferungsbegehren der USA war für den 12. Juni angesetzt und könnte möglicherweise verschoben werden, wenn sich der stark angegriffene Gesundheitszustand des Angeklagten nicht verbessert. Insgesamt kann sich das Verfahren nach Auskunft der Anwälte über ein bis zwei Jahre hinziehen, und da Julian Assange, wie er in seinem Brief aus dem Gefängnis schrieb, nach wie vor »ungebrochen« ist, wird er sich hoffentlich gegen jeden einzelnen Anklagepunkt energisch verteidigen. Da dies sein gutes Recht ist und er dies nur tun kann, wenn man ihm Zugang zu Medien und Kommunikationsmöglichkeiten verschafft, muss seine Isolationshaft sofort beendet werden. Sollten sich die britischen Gerichte gegenüber dem Report des UN-Menschenrechtskommissariats ebenso ignorant zeigen wie der Außenminister, sollten sie mit dem Brexit auch gleich den Austritt aus allen internationalen Menschrechtsvereinbarungen erklären.

Deshalb für sie und für alle noch einmal deutlich und zum Mitschreiben: Julian Assange hat keine Verbrechen begangen, er hat Verbrechen aufgedeckt. Er hat nichts anderes getan als jeder Journalist oder Verleger, der sich nicht als Teil der internationalen Unterhaltungsindustrie versteht, sondern seinen Job ernstnimmt. Er hat der Propaganda, den Vertuschungen und Verbrämungen der Kriege im Irak, in Afghanistan, im Jemen den Horror der Wahrheit entgegengesetzt. Er hat nicht gelogen, betrogen oder gestohlen, sondern informiert und aufgeklärt. Er hat schon gar nicht irgendwem Gewalt angetan, sondern Gewalttäter und Massenmörder an den Pranger gestellt. Er hat nichts Verbotenes getan, sondern der Öffentlichkeit, der Demokratie und der Rechtsstaatlichkeit gedient. Er ist kein Krimineller, sondern ein Aufklärer, der nicht ins Gefängnis gehört, sondern als Datenschutz- und Whistleblower-Beauftragter in die Regierung.

Freiheit für Julian Assange!

Berlin, 4. Juni 2019
Mathias Bröckers

Die Widerlegung sämtlicher Verleumdungen Julian Assanges

Von Caitlin Johnstone

Ist Ihnen schon einmal aufgefallen, dass, immer wenn jemand die dominante westliche Machtstruktur stört, Politik und Medienklasse sehr schnell sehr daran interessiert sind, uns wissen zu lassen, wie böse und ekelhaft diese Person ist? Das gilt für den Anführer jeder Nation, die sich nicht in die US-amerikanische Machtallianz hineinziehen lässt, es gilt für politische Kandidaten, die gegen das Establishment stehen, und es gilt für den Gründer von WikiLeaks, Julian Assange.

Eine korrupte und unverantwortliche Macht nutzt ihren politischen und medialen Einfluss, um Assange zu diffamieren, denn was die Interessen korrupter und unverantwortlicher Macht betrifft, ist das Töten seines Rufs mehr wert, als ihn umzubringen. Wenn alle dazu gebracht werden können, ihn mit Hass und Abscheu zu betrachten, werden sie die WikiLeaks-Publikationen weitaus weniger ernst nehmen, und sie werden sehr wahrscheinlich der Inhaftierung von Assange zustimmen – und damit einen Präzedenzfall für die zukünftige Verfolgung von Whistleblowern in der ganzen Welt schaffen. Jemand kann einem die absolute Wahrheit sagen, aber wenn man ihm gegenüber misstrauisch ist, wird man nicht glauben, was er sagt. Wenn sie einen solchen Verdacht herstellen können, ist es für unsere Herrschenden besser, als eine Kugel in seinen Kopf zu jagen.

Diejenigen von uns, die Wahrheit und Klarheit schätzen, müssen diese Schmierenkampagne bekämpfen, um zu verhindern, dass unsere Mitmenschen einen großen Sprung in Richtung orwellscher Dystopie machen. Wichtig dafür ist, in der Lage zu sein, gegen diese Verleumdungen und Desinformationen zu argumentieren, wo immer sie auftreten. Leider konnte ich bisher keine zentrale Informationsquelle finden, die alle Verleumdungen gründlich und ansprechend auflöst, sodass ich es – mit Hilfe von Hunderten von Tipps meiner Leser und Social-Media-Freunde – selbst versucht habe: ein Werkzeugkasten, mit dem Leute die Assange-Verleumdungen bekämpfen können, wo immer sie ihnen begegnen, indem sie die Desinformation mit Wahrheit und solider Argumentation widerlegen.

Hier ist eine nummerierte Liste aller Themen, die ich in diesem Text behandeln werde, zur leichteren Orientierung:

1: »Er ist kein Journalist.«
2: »Er ist ein Vergewaltiger.«
3: »Er hat sich vor den Vergewaltigungsvorwürfen in der Botschaft versteckt.«

4: »Er ist ein russischer Agent.«
5: »Er wird wegen Hackens von Verbrechen angeklagt, nicht wegen Journalismus.«
6: »Er sollte einfach nach Amerika gehen und sich dem Gericht stellen. Wenn er unschuldig ist, hat er nichts zu befürchten.«
7: »Er hat Kautionsauflagen verletzt! Natürlich musste das Vereinigte Königreich ihn verhaften.«
8: »Er ist ein Narzisst, ein Größenwahnsinniger, ein Idiot.«
9: »Er ist ein schreckliches Monster aus den Gründen X, Y und Z, aber ich glaube nicht, dass er ausgeliefert werden sollte.«
10: »Trump wird ihn retten und sie werden zusammenarbeiten, um den Deep State zu beenden.«
11: »Er hat Kacke an die Wände der Botschaft geschmiert.«
12: »Er stinkt.«
13: »Er war ein schlechter Hausgast.«
14: »Er hat sich mit Donald Trump Jr. verschworen.«
15: »Er veröffentlicht nur Leaks über Amerika.«
16: »Er ist ein Antisemit.«
17: »Er ist ein Faschist.«
18: »Er war ein Trump-Fan.«
19: »Ich mochte ihn immer, bis er die Wahl 2016 ruinierte.« / »Ich hasste ihn immer, bis er die Wahl 2016 rettete.«
20: »Er hat Blut an den Händen.«
21: »Er hat die Details von Millionen türkischer Wählerinnen veröffentlicht.«

22: »Er unterstützte rechte Parteien in Australien.«
23: »Er hat das Leben von schwulen Saudis gefährdet.«
24: »Er ist ein CIA-Agent.«
25: »Er hat seine Katze schlecht behandelt.«
26: »Er ist ein Pädophiler.«
27: »Er hat über Seth Rich gelogen.«
28: »Er hat über Trump noch nie etwas geleakt.«
29: »Er hat sich mit Nigel Farage verschworen.«

Das ist eine ganze Menge! Wenn man sich diese Liste ansieht, hat man nur zwei Deutungsmöglichkeiten:

Julian Assange, der viele unbequeme Fakten über die Mächtigen veröffentlicht und den Zorn undurchsichtiger und nicht rechenschaftspflichtiger Regierungsbehörden provoziert hat, ist buchstäblich die schlimmste Person auf der ganzen Welt, ODER er ist das Ziel einer massiven, bewussten Desinformationskampagne, die das Vertrauen der Öffentlichkeit in ihn zerstören soll.

Wie der Historiker Vijay Prashad in einem kürzlich mit Chris Hedges geführten Interview darlegte, hat sich 2008 eine Niederlassung des US-Verteidigungsministeriums tatsächlich darangemacht, »eine Kampagne aufzubauen, um das Gefühl des Vertrauens in WikiLeaks und ihren Schwerpunkt zu beseitigen« und »Assanges Ruf zu zerstören«.

Verleumdung 1: »Er ist kein Journalist.«

Doch, das ist er. Relevante Informationen zu veröffentlichen, damit sich die Öffentlichkeit über das Geschehen in ihrer Welt informieren kann, ist Journalismus. Deshalb wurde Assange erst kürzlich mit dem GUE/NGL Award für »Journalisten, Whistleblower und Verteidiger des Rechts auf Information« ausgezeichnet[1], deshalb hat das WikiLeaks-Team viele renommierte Auszeichnungen für Journalismus erhalten und deshalb ist Julian Assange auch Mitglied der australischen Medienunion[2]. Erst, als die Menschen anfingen, ernsthaft über die sehr realen Bedrohungen zu sprechen, die seine Verhaftung für die Pressefreiheit darstellt, wurde »Assange ist kein Journalist« zu einer Mode.

Das Argument, wenn man es so nennen kann, ist, dass, da Assange den Journalismus nicht auf konventionelle Weise praktiziert, seine unrechtmäßige Verfolgung auf keinen Fall eine Bedrohung für andere Journalisten auf der ganzen Welt darstellen könnte, die vielleicht durchgesickerte Dokumente, die das Fehlverhalten der US-Regierung aufdecken, veröffentlichen wollen.[3] Dieses Argument entspricht der Aussage von Trumps damaligem CIA-Direktor Mike Pompeo, der verkündete, dass WikiLeaks überhaupt kein journalistisches Organ, sondern ein »feindlicher nichtstaatlicher Geheimdienst« ist, eine Bezeichnung, die er aus dem Nichts zusammengesetzt hat, so wie die Trump-Administration Juan Guaido zum Präsidenten von Venezuela ernannt hat, die Golan Höhen zu einem Teil von Israel und das Militär des Iran eine terroristische Organisation. Pompeo argumentierte, dass WikiLeaks unter diesem von ihm erfundenen Label keinen Presseschutz genieße und daher eliminiert werden solle.

So werden Propagandanachrichten direkt von den Lippen der Trump-Administration abgelesen, aber noch wichtiger ist: Dieses Argument ist Unsinn. Wie ich an anderer Stelle dargelegt habe[4], wird sich die US-Regierung, sobald der Assange-Präzedenzfall geschaffen wurde, nicht mehr auf eine allgemeine Definition dessen verlassen, was Journalismus ist; sie wird ihre eigene verwenden, basierend auf ihren eigenen Interessen. Das nächste Mal, wenn jemanden angeklagt werden soll, weil er etwas Ähnliches getan hat wie Assange, werden sie es einfach tun, unabhängig davon, ob sie glauben, dass die Person ein Journalist ist oder nicht.

Verleumdung 2: »Er ist ein Vergewaltiger.«

Das Feedback, das ich dazu erhalten habe, deutet darauf hin, dass dies die einzige Assange-Verteidigung ist, mit der die meisten zu kämpfen haben, und zwar verständlicherweise: Es ist eine komplexe Situation, die mehrere Regierungen, eine Fremdsprache, ein ausländisches Rechtssystem, viele juristische Fachbegriffe, viele verschiedene Personen, einige höchst emotionale Themen und eine große Menge an Informationen umfasst. Diese Komplexitätsschichten sind es, auf die sich Verleumder verlassen, wenn sie diese Verleumdung verbreiten; die meisten Menschen verstehen die Dynamik nicht, sodass es nicht offensichtlich ist, dass sie die Desinformation annehmen. Aber nur, weil die Art der Anschuldigung komplex ist, bedeutet das nicht, dass das Argument komplex ist.

Das stärkste, einfachste und offensichtlichste Argument gegen den Vergewaltigungsvorwurf ist, dass es sich um eine unbewiesene Anschuldigung handelt, die Assange immer geleugnet hat[5] – und dass man verrückt sein müsste, um einer völlig unbewiesenen Anschuldigung von US-Geheimdiensten zu glauben. Es ist genauso dumm, wie an Saddam Husseins Massenvernichtungswaffen zu glauben.

Ich weiß, dass uns allen gesagt wurde, dass wir ohne Frage allen Frauen glauben müssen, die sagen, dass sie vergewaltigt wurden, und als allgemeine Praxis ist es eine gute Idee, die patriarchalische Gewohnheit unserer Gesellschaft aufzugeben, nach der jede, die sagt, dass sie vergewaltigt wurde, einfach abgewiesen wird. Aber sobald man das zu einer harten, starren Regel macht, die keinen Raum mehr haben kann, die Agenda der Mächtigen in Frage zu stellen, kann man hundertprozentig sicher sein, dass die Mächtigen anfangen werden, diese Regel auszunutzen, um uns zu manipulieren.

Die Menschen, die aggressiv für die Erzählung des »Vergewaltigers« werben und sagen: »Du musst den Frauen glauben!«, kümmern sich nicht um Vergewaltigungsopfer. Anfang dieses Monats wurde ich auf Twitter gesperrt, nachdem ich auf einen bösartigen Assange-Hasser losgegangen war, der sagte, dass ich darüber gelogen hätte, selbst mehrere Vergewaltigungen überlebt zu haben, während er weiterhin seine »Glaube allen Frauen«-Masche abzog. Die politisch-mediale Klasse des westlichen Imperiums, die nie zögert, den gewaltsamen Sturz souveräner Regierungen und all den Tod, die Zerstörung, das Chaos, den Terrorismus, das Leiden und auch die Vergewaltigungen zu unterstützen, die notwendigerweise mit diesen Aktionen einhergehen, interessiert sich nicht für Vergewaltigungsopfer in Schweden.

Man könnte Tage damit verbringen, alle Artikel durchzugehen, die über die Einzelheiten der schwedischen Voruntersuchung geschrieben wurden, aber lassen Sie mich versuchen, sie so kurz wie möglich zusammenzufassen:

Die Gesetze über Zustimmung und Vergewaltigung unterscheiden sich in Schweden deutlich von den meisten anderen Gesellschaften. Assange hatte im August 2010 in Schweden einvernehmlichen Sex mit zwei Frauen, »Sophie W.« und »Anna A.«. Sie kannten sich und schrieben über ihre Begegnungen, und nachdem Sophie von einigen unbequemen sexuellen Erfahrungen berichtet hatte, überzeugte Anna sie, mit ihr zur Polizei zu gehen, um Assange zu zwingen, einen AIDS-Test zu machen. Anna brachte sie zu einem Freund und politischen Verbündeten, der auch Polizist war. Sophie sagte, dass Assange einmal mit ihr Sex initiiert hatte, während sie »im Halbschlaf« war (rechtlich und buchstäblich sehr verschieden vom Schlafen), und das ohne Kondom. Anna sagte, dass Assange sein Kondom absichtlich beschädigt hatte, bevor er es benutzte. Sophie geriet dann in Panik, als sie erfuhr, dass die Polizei Assange wegen des Vorfalls im Halbschlaf verfolgen wollte, und weigerte sich, die rechtlichen Dokumente zu unterschreiben, dass er sie vergewaltigt hätte. Sie verfasste einen Text[6], dass sie »keine Anklage gegen Julian Assange erhebt, aber die Polizei ihn in den Griff bekommen will«, und sagte, sie sei »von der Polizei und anderen um sie herum überrollt worden«[7]. Anna hatte sich dem Prozess angeschlossen. Um ein grundlegendes Verständnis der Ereignisse bis 2012 zu erlangen, empfehle ich dringend, sich zehn Minuten Zeit zu nehmen, um dieses animierte Video[8] anzusehen.

Dies alles geschah nur, wenige Monate nachdem Assange die US-Kriegsmaschine mit der Veröffentlichung des »Collateral Murder«-Videos[9] erzürnt hatte, und es war bereits bekannt, dass er von US-Behörden gesucht wurde.[10] Es ist offensichtlich, dass hinter den Kulissen der gesamten Tortur einige extreme Regierungsmanipulationen stattgefunden haben. Mehr dazu in den folgenden Punkten:

- Das von Anna als Beweis vorgelegte beschädigte Kondom, dass Assange benutzt haben sollte, wies keine DNA-Spuren auf, weder ihre noch die von Assange.[11]

- Assange hat alle Vorwürfe konsequent zurückgewiesen. Keine der beiden Anklägerinnen sprach von einer Vergewaltigung. Sophie weigerte sich wiederholt, eine entsprechende Anzeige zu unterschreiben. Anna dagegen schrieb einmal einen Artikel, wie man sich an Männern rächen kann, die einen »abservieren.«[12]
- Schweden hat strenge Gesetze, die die Vertraulichkeit der Angeklagten bei Voruntersuchungen wegen angeblicher Sexualstraftaten schützen, aber einige praktische Leaks haben dieses Gesetz umgangen und es ermöglicht, Assange seitdem als Vergewaltiger zu beschimpfen.[13] Assange erfuhr, dass er in den Schlagzeilen der lokalen Boulevardzeitung *Expressen* beschuldigt wurde, wo Anna zufällig ein Praktikum gemacht hatte.
- Nachdem ein Haftbefehl erlassen wurde, hob die Oberstaatsanwältin Eva Finne ihn auf. Sie schloss die Akte am 25. August und sagte, dass die Beweise »keinerlei Verbrechen enthüllen«.[14] Aus heiterem Himmel wurde die Ermittlung am 29. August aber wieder aufgenommen, diesmal von einer anderen Staatsanwältin namens Marianne Ny.
- Am 30. September ging Assange freiwillig zur Polizei, um eine Aussage zu machen. In der Erklärung sagte er dem Offizier, dass er befürchtete, dass es im *Expressen* landen würde. Woher man das weiß? Die vollständige Aussage wurde an *Expressen* weitergegeben. Assange blieb noch fünf Wochen in Schweden und wartete darauf, befragt zu werden,

dann ging er nach Großbritannien, nachdem ihm ein Staatsanwalt gesagt hatte, dass er nicht mehr zur Befragung zur Verfügung stehen muss.
- Nach der Abreise gab Interpol plötzlich eine »red notice« für Assange heraus, also einen internationalen Haftbefehl, der normalerweise Terroristen und gefährlichen Kriminellen vorbehalten ist. Diese äußerst unverhältnismäßige Reaktion ließ sofort alle Alarmglocken in Assanges Rechtsabteilung läuten, dass es sich hierbei nicht nur um Vergewaltigungsvorwürfe handelte, und man beschloss, seine Auslieferung an Schweden zu bekämpfen, aus Angst, dass eine Auslieferung an die Vereinigten Staaten arrangiert würde.
- Im Dezember 2010 ging Assange zu einer britischen Polizeistation, die ihn einbestellt hatte, und wurde dort verhaftet. Er verbrachte zehn Tage in Einzelhaft und wurde auf Kaution freigelassen, auf 550 Tage unter Hausarrest mit einem elektronischen Knöchelarmband.
- Wir wissen mittlerweile, dass bereits zu dieser Zeit eine Grand Jury in East Virginia daran arbeitete, ein Verbrechen zu finden, für das er hingerichtet oder zumindest bis zum Ende seines Lebens weggesperrt werden konnte. Assanges Anwälte waren sich dessen bewusst.
- Der Oberste Gerichtshof des Vereinigten Königreichs entschied, dass Assange an Schweden ausgeliefert werden sollte, die Schweden weigerten sich, Zusicherungen zu geben, dass er nicht an die

USA ausgeliefert werden würde, und die USA weigerten sich, Zusicherungen zu geben, dass sie seine Auslieferung und Verfolgung nicht anstreben würden. Hätte eines der beiden Länder eine solche Zusicherung abgegeben, wie von Amnesty International gefordert[15], wäre Assange nach Schweden gereist und die Tortur hätte sich damit erledigt. Dazu kam es aber nicht, denn es ging nie um Vergewaltigung oder Gerechtigkeit. Es ging um die Auslieferung von Assange an die Vereinigten Staaten für seine Veröffentlichungen.[16]

- Als sich das Auslieferungsfenster nach Schweden schloss, suchte und bekam Assange 2012 in der ecuadorianischen Botschaft in London Asyl, als Journalist, der einer unfairen Strafverfolgung ausgesetzt war.
- Die FBI-Erklärung, die die Verhaftung von Assange in der Botschaft fordert, behauptet: »Anstatt sich im Juni 2012 an den Europäischen Gerichtshof für Menschenrechte zu wenden, ist Assange in die Botschaft geflohen.«[17] Aber laut Assange hatte Marianne Ny tatsächlich daran gearbeitet, eine Berufung vor dem Europäischen Gerichtshof für Menschenrechte zu verhindern, indem sie das für den Einspruch verfügbare Zeitfenster von vierzehn auf null Tage reduzierte.[18]
- Im Jahr 2013 versuchte Schweden, das Auslieferungsverfahren einzustellen, wurde jedoch von den britischen Staatsanwälten davon abgehalten[19], was aber erst 2018 bekannt wurde, ebenso

wie die Tatsache, dass die britische Staatsanwaltschaft die Schweden davon abgehalten hatte, Assange 2010 oder 2011 in London zu verhören, was die gesamte Botschaftskrise hätte verhindern können, und dass die Staatsanwaltschaft wichtige E-Mails, die Assange betrafen, vernichtet hatte.[20] Wir erfuhren auch, dass Marianne Ny eine E-Mail gelöscht hatte, die sie vom FBI erhalten hatte, und behauptete, dass sie nicht wiederhergestellt werden könne.[21]

- Im Mai 2017 schloss Marianne Ny ihre Untersuchung ab, seltsamerweise am selben Tag, an dem sie vor dem Stockholmer Gericht erscheinen sollte, um Fragen zu klären, warum sie Assanges Verteidiger während seiner Befragung in der Botschaft im November letzten Jahres ausgeschlossen hatte, und hob den Haftbefehl für die Auslieferung auf.[22]
- Entgegen dem landläufigen Glauben in der britischen Presse ist es unwahrscheinlich, dass der Fall nun, da Assange theoretisch wieder verfügbar ist, wieder aufgenommen wird, weil sie den Fall gemäß Schwedens staatsanwaltschaftlichen Vorschriften (Ch 23, Abschnitt 4)[23] formell abgeschlossen hat, wonach vorläufige Ermittlungen so durchgeführt werden müssen, dass dem Verdächtigen ein Minimum an Verdacht, Unannehmlichkeiten und Kosten entsteht. Nach sieben Jahren des Hinziehens auf Nys Seite war die Unverhältnismäßigkeit für alle – auch für die schwedischen Gerichte – offensichtlich geworden.

- Assange wurde nie angeklagt, obwohl er von schwedischen Staatsanwälten in der Botschaft gründlich befragt worden ist, bevor die Untersuchung eingestellt wurde.[24] Einige Verleumder behaupten, dass dies auf eine Formsache des schwedischen Rechts zurückzuführen ist, die es der Regierung unmöglich machte, ihn in Abwesenheit anzuklagen, aber Schweden kann und hat Menschen in Abwesenheit angeklagt.[25] Sie taten dies nicht mit Assange und zogen es vor, weiterhin darauf zu bestehen, dass er ohne Zusicherungen gegen eine weitere Auslieferung an die USA nach Schweden kommt, und zwar aus einem seltsamen Grund.

Kurz nach Assanges Botschaftsverhaftung berichtete Charles Glass von »The Intercept«, dass »Quellen des schwedischen Geheimdienstes mir damals sagten, sie glaubten, die USA hätten Schweden ermutigt, den Fall fortzusetzen«[26].

Es kann nicht geleugnet werden, dass Regierungen auf der ganzen Welt eine umfangreiche und gut dokumentierte Geschichte der Nutzung von Sex zur Förderung strategischer Ziele haben, und es gibt keinen triftigen Grund, dies auf irgendeiner Ebene als Möglichkeit auszuschließen.[27] Manchmal versuchen Verleumder zu behaupten, dass Assange oder seine Anwälte zugegeben haben, dass Assange eine Vergewaltigung begangen hat, und zitieren Berichte der Massenmedien über eine Strategie, die vom Rechtsteam Assanges angewandt wurde, um zu argumentieren, dass das, wofür Assange beschuldigt wurde, keine Vergewaltigung darstellt, selbst wenn es wahr sei. Diese konventionelle Rechtsstrategie wurde zur Vermeidung der Auslieferung eingesetzt und stellte in keiner Weise ein Eingeständnis dar, dass sich Ereignisse in der Art und Weise ereignet haben, doch Massenmedienberichte haben das bewusst so verdreht, es so erscheinen zu lassen. Weder Assange noch seine Anwälte haben jemals ein solches Eingeständnis gemacht.

Ich sehe viele gutmeinende Assange-Verteidiger, die einige sehr schwache und wenig hilfreiche Argumente gegen diese Verleumdung verwenden und zum Beispiel vorschlagen, dass ungeschützter Sex ohne die Erlaubnis der Frau nicht als sexueller Übergriff qualifiziert werden sollte. Oder dass, wenn Anna angegriffen worden wäre, sie sich danach zwangsläufig anders verhalten hätte. Argumentationslinien wie diese werden für Menschen wie mich, die glauben, dass die Vergewaltigungskultur eine allgegenwärtige gesellschaftliche Krankheit ist, sehr erschreckend aussehen. Man sollte nicht versuchen, das zu rechtfertigen, wofür Assange beschuldigt wird, sondern nur darauf hinweisen, dass es keine konkreten Beweise für seine Schuld gibt und dass sehr mächtige Menschen hinter den Kulissen dieser Erzählung eindeutig einige Fäden gezogen haben.

Schließlich bleibt die Tatsache bestehen, dass, selbst wenn Assange irgendwie der Vergewaltigung für schuldig befunden werden sollte, das Argument

»Er ist ein Vergewaltiger« kein legitimer Grund ist, eine Auslieferung an die USA und seine dortige Verurteilung zu unterstützen. »Er ist ein Vergewaltiger« und »Es ist in Ordnung, dass ihn das westliche Rechtssystem für seine Verlagsaktivitäten dem Eastern District of Virginia unterwirft« sind zwei völlig unterschiedliche Gedanken, die nichts miteinander zu tun haben. Jeder, der versucht, die beiden in irgendeiner Weise zu verbinden, hat ein schlechtes Argument vorgebracht und sollte sich schlecht fühlen.[28]

Verleumdung 3: »Er versteckte sich vor den Vergewaltigungsvorwürfen in der Botschaft.«
Nein, das tat er nicht, er versteckte sich vor der US-Auslieferung. Und seine Verhaftung unter einem US-Auslieferungsbefehl bewies, dass er damit recht hatte.

Assange versteckte sich nicht vor der Justiz, er versteckte sich vor der Ungerechtigkeit. Seine einzige Sorge galt immer nur der Vermeidung einer Auslieferung und eines ungerechten Prozesses, weshalb er anbot, nach Schweden zu gehen, um befragt zu werden, wenn man ihm Zusicherungen gebe, dass er nicht an die USA ausgeliefert werde. Schweden weigerte sich. Amerika weigerte sich. Warum? Wenn Schweden wirklich nur an der Lösung einer Vergewaltigungsuntersuchung interessiert wäre, warum sollten sie dann nicht versichern, dass sie ihn nicht in die Vereinigten Staaten ausliefern würden, um das eigene Ziel zu erreichen?

Die Tatsache, dass Assange durchaus bereit war, nach Schweden zu reisen und die Untersuchung durchzustehen, ist für den Vorwurf »Er versteckt sich vor Vergewaltigungsanklagen« völlig verheerend und wirft ernsthafte Zweifel an dem Vorwurf »Er ist ein Vergewaltiger« auf. Die US-Regierung folterte Chelsea Manning.[29] Trumps aktuelle CIA-Direktorin wird »Bloody Gina« genannt, weil sie die Vorliebe für Folter in geheimen CIA-Lagern hatte.[30] Er hatte allen Grund, Todesangst vor der Auslieferung zu haben, und den hat er nach wie vor.

Verleumdung 4: »Er ist ein russischer Agent.«
Nicht einmal die US-Regierung behauptet, dass die WikiLeaks-Veröffentlichung von E-Mails der Demokratischen Partei 2016 wissentlich mit dem Kreml koordiniert wurde; der Sonderermittler Robert Mueller behauptete nur, dass Guccifer 2.0 die Quelle dieser E-Mails sei und dass Guccifer 2.0 von russischen Verschwörern gesteuert werde.[31] Die Erzählung, dass Assange mit der russischen Regierung zusammengearbeitet oder sich mit ihr verschworen hat, ist eine Halluzination der wahnsinnigen Hysterie, die alle Ecken des politischen Mainstream-Diskurses infiziert hat. Es gibt keinerlei Beweise dafür und jeder, der diese Behauptung geltend macht, muss korrigiert und abgelehnt werden.

Aber wir müssen nicht einmal so viel einräumen. Bis heute liegen genau null harte Beweise für die Erzählung der US-Regierung über russische Hacker vor. Wir haben Behauptungen von undurchsichtigen Regierungsbehörden und ihren verbündeten Unternehmen innerhalb der US-Machtallianz gelesen, aber Behauptungen sind keine Beweise. Wir haben Anklagen von Mueller gesehen, aber Anklagen sind keine Beweise. Wir haben Behauptungen im Mueller-Bericht gesehen, aber die Zeitachse ist voller Handlungslücken. Das bedeutet nicht, dass Russland niemals Hacker benutzen würde, um sich in weltpolitische Angelegenheiten einzumischen, oder dass Vladimir Putin ein tugendhafter Pfadfinder ist, es bedeutet nur, dass in einer Welt nach der Invasion des Irak nur herdenverrücktes, menschliches Vieh den unbegründeten Behauptungen undurchsichtiger und unverantwortlicher Regierungsbehörden glaubt. Wenn die Öffentlichkeit die Beweise nicht sehen kann, dann gibt es für die Öffentlichkeit keine Beweise. Unsichtbare Beweise sind keine Beweise, egal wie viele Regierungsbeamte uns versichern, dass sie existieren.

Julian Assange seinerseits hat unmissverständlich erklärt, dass er weiß, dass die russische Regierung nicht WikiLeaks' Quelle für die E-Mails war, wie er es gegenüber Fox News im Januar 2017 sagte.[32] Man mag so skeptisch oder vertrauensvoll gegenüber seiner Behauptung sein, wie man will, aber Tatsache ist, dass nie ein Beweis öffentlich gemacht wurde, der ihm widerspricht. Jede Behauptung, dass er lügt, ist daher unbegründet.

Das ist das beste Gegenargument, das es in diesem Zusammenhang gibt. Viele mögen auch die Tatsache erwähnen, dass es viele Experten gibt, die die russische Hacking-Geschichte anfechten, indem sie sagen, dass es Beweise dafür gibt, dass der DNC-Download über einen lokalen USB-Stick und nicht über eine Remote-Exfiltration erfolgte[33], aber meiner Meinung nach ist das eine schlechte Argumentation, wenn man die Geschichte über die Quelle von WikiLeaks anficht, weil man so die Beweislast verlagert und die Gegenseite zwingt, komplizierte Erklärungen über Datenübertragungsraten und Ähnliches zu verteidigen, die die meisten Leute nicht verstehen. Es gibt keinen Grund, Verteidigung zu spielen, wenn man einfach mit jedem in die Offensive gehen kann, der behauptet, dass Russland WikiLeaks' Quelle war, und diesem jemand einfach sagt: »Beweise deinen Anspruch.«

Es gibt keine Beweise dafür, dass Assange der russischen Regierung jemals wissentlich oder unwissentlich geholfen hat. Tatsächlich hat WikiLeaks Hunderttausende von Dokumenten über Russland veröffentlicht[34], kritische Kommentare über die russische Regierung abgegeben und russische Aktivisten verteidigt[35] und 2017 mit den sogenannten »Spy Files Russia«[36] einen ganzen Fundus über russische Überwachungspraktiken veröffentlicht.

Der Verleumder kann behaupten: »Nun, er liegt auf Kreml-Linie!« Wenn Sie ihn bitten zu erklären, was das bedeutet, wird er Ihnen sagen, dass WikiLeaks sich gegen westliche Interventions- und Kriegspropaganda ausspricht. Das heißt aber nicht, »sich auf die Kreml-Linie zu begeben«, sondern Anti-Interventionist zu sein und sich vor faktenfreien Verleumdungen zu schützen. Niemand, der 2010 das »Collateral Murder«-Video[37] gesehen hat, wird bezweifeln, dass Kritik an der US-Kriegsmaschine in die DNA von WikiLeaks eingeschrieben und von zentraler Bedeutung ist.

Der Verleumder kann behaupten: »Nun, er hatte 2012 eine Show auf Russia Today!« Und? Welcher andere Sender würde ein Fernsehprogramm senden, das von Julian Assange moderiert wird? Tatsächlich wurde Assanges Show »The World Tomorrow« nicht von RT produziert, sondern nur von diesem Netzwerk ausgestrahlt, genau wie Larry Kings Show von RT aufgegriffen und ausgestrahlt wurde.[38] Niemand, der keinen Aluhut trägt, glaubt, dass Larry King ein russischer Agent ist, und in der Tat besteht King unnachgiebig und lautstark auf der Tatsache, dass er nicht für RT arbeitet und keine Anweisungen von ihnen entgegennimmt. Die einzigen Leute, die behaupten, dass Assange ein russischer Agent sei, sind diejenigen, die über die Dinge unglücklich sind, die WikiLeaks-Publikationen offenbart haben, seien es die Kriegsverbrechen der USA oder die korrupten Manipulationen der Führer der Demokratischen Partei. Es ist eine völlig unbegründete Verleumdung und sollte als solche behandelt werden.

Verleumdung 5: »Er wird wegen Hacking verfolgt, nicht wegen Journalismus.«

Nein, er wird wegen Journalismus angeklagt. Assange wird auf der Grundlage genau der gleichen Beweise verfolgt, zu denen die Obama-Administration Zugang hatte, als sie untersuchte, ob er für seine Rolle bei den Leaks von Manning verfolgt werden konnte. Aber die Obama-Administration entschied, dass es unmöglich sei, ihn auf der Grundlage dieser Beweise zu verfolgen, weil es die Pressefreiheit gefährden würde. Dies liegt daran, dass, wie Micah Lee und Glenn Greenwald von »The Intercept« erklären, die Dinge, die Assange vorgeworfen werden, Dinge sind, die Journalisten die ganze Zeit tun: versuchen, einer Quelle zu helfen, eine Entdeckung zu vermeiden, Maßnahmen ergreifen, um die Kommunikation mit ihr geheim zu halten, und sie ermutigen, mehr Material zur Verfügung zu stellen.[39] Das ist alles, wofür Assange angeklagt ist; in der Anklage selbst wird nicht von »Hacking« geredet. Die Anklage geht noch weiter und kriminalisiert die Verwendung einer elektronischen »Drop-Box« und anderer Taktiken, die investigative Journalisten im Computerzeitalter routinemäßig anwenden, um mit einer vertraulichen Quelle »zum Zwecke der öffentlichen Offenlegung« von Informationen zu arbeiten.

Das Einzige, was sich zwischen der Obama-Regierung und der Trump-Regierung geändert hat, ist eine erhöhte Bereitschaft, den Journalismus anzugreifen. Assange wird wegen Journalismus strafrechtlich verfolgt.

Es ist auch erwähnenswert, dass die President Executive Order 13526, Abschnitt 1.7, die Geheimhaltung von Material über Regierungsvergehen ausdrücklich verbietet.[40] Insofern ist es durchaus vernünftig zu argumentieren, dass Chelsea Manning eigentlich kein legitimes Gesetz gebrochen hat, sondern das diejenigen taten, die sie verfolgen. Oder, wie es Mannings Anwalt formuliert hat:

»Die von PFC Manning veröffentlichten Informationen hatten zwar einen sicherlich größeren Umfang als die meisten Leaks, enthielten jedoch keine streng geheimen Informationen. Die durchgesickerten Informationen berichteten auch nicht über laufende Militäreinsätze. Stattdessen behandelten sie Ereignisse, die zum Zeitpunkt der Veröffentlichung entweder öffentlich bekannt oder sicherlich nicht mehr sensibel waren.«

Es gab keinen legitimen Grund dafür, dass das, was Manning durchsickern ließ, geheim gehalten wurde; es wurde nur aufbewahrt, um Peinlichkeiten der US-Regierung zu vermeiden. Was illegal ist. Um Assange zu zitieren: »Die überwiegende Mehrheit der Informationen ist geheim, um die politische Sicherheit zu schützen, nicht die nationale Sicherheit.«

Verleumdung 6: »Er sollte einfach nach Amerika gehen und sich dem Gericht stellen. Wenn er unschuldig ist, hat er nichts zu befürchten.«

Das ist eine neue Version von »Er kann die Botschaft verlassen, wann immer er will«. Außer, dass es jetzt auch von Trump-Anhängern als Argument vorgebracht wird. Der einzige Weg, um das Gefühl zu vermitteln, dass Assange eine Chance hat, in Amerika ein faires Verfahren zu erhalten, ist zu glauben, dass die USA eine gerechte Nation mit einem fairen Justizsystem sind, insbesondere im Eastern District of Virginia, wenn es darum geht, die Fälle von Menschen zu untersuchen, die belastende Informationen über die US-Kriegsmaschine preisgeben. Jeder, der das glaubt, hat Isolierschaum im Gehirn.

Kein Angeklagter wegen »nationaler Sicherheit« hat jemals einen Fall im EDVA [Eastern District of Virginia] gewonnen, sagte der Whistleblower John Kiriakou nach Assanges Verhaftung. »Es ist unmöglich, denn die Karten sind gezinkt. Und jeder weiß, was passieren wird, wenn er in den Eastern District von Virginia kommt. Dies ist derselbe Rat, den ich Ed Snowden gegeben habe: Komm nicht nach Hause, denn hier gibt es keinen fairen Prozess. Julian hat keine Wahl, und das macht mir noch mehr Angst.«

Assange wird in der Tat ausgeliefert, um vor Gericht im Eastern District of Virginia zu stehen.[41] Manning selbst hat nach Angaben ihres Anwalts keinen fairen Prozess bekommen.

Verleumdung 7: »Er hat Kautionsauflagen verletzt! Natürlich musste das Vereinigte Königreich ihn verhaften.«
Noch nie in meinem Leben habe ich so viele Menschen gesehen, die so tief besorgt waren über die ordnungsgemäße Einhaltung der subtilen Formalitäten des Kautionsprotokolls, wie damals, als Schweden seine Vergewaltigungsuntersuchung einstellte und nur noch einen Haftbefehl wegen Kautionsverletzung

zwischen Assange und der Freiheit stand. Plötzlich hatte ich etablierte Loyalisten vor mir, die mir sagten, wie wichtig es ist, dass Assange sich für sein schreckliches, schreckliches Verbrechen verantwortet, politisches Asyl vor der Verfolgung durch die gewalttätigste Regierung der Welt zu nehmen, statt die milden Unannehmlichkeiten auf sich zu nehmen, den Papierkram zu erledigen. Dieser Verleumdung wird in einem hellsichtigen Artikel von Simon Floth widerlegt[42], der von der »Defend Assange«-Campaign unterstützt wurde. Floth erklärt, dass nach britischem Recht die Kaution nur dann verletzt wird, wenn es nicht gelingt, die Kaution »ohne triftigen Grund« zu zahlen, wobei das Menschenrecht auf Asyl durchaus ein triftiger Grund ist. Das Vereinigte Königreich war so tief besorgt über diese Form der Kaution, dass es neun Tage lang gewartet hat, bevor es einen Haftbefehl erlassen hat.

Verleumdung 8: »Er ist ein Narzisst, ein Größenwahnsinniger, ein Idiot.«

Assange hat schlimmere Schwierigkeiten erlitten, als die meisten Menschen jemals in ihrem Leben durchmachen müssen. Wegen seiner Hingabe an die verlorene Kunst, Journalismus zu nutzen, um die Macht zur Rechenschaft zu ziehen. Wenn es das ist, was einen Narzissten, einen Größenwahnsinnigen oder einen Idioten ausmacht, gut.

Die erste Antwort auf diese Verleumdung ist einfach: »Na und?« Was ist, wenn der Typ eine miese

Persönlichkeit hat? Was zum Teufel hat das damit zu tun? Welchen Einfluss hat das auf die Tatsache, dass ein Journalist verfolgt wird, der die Wahrheit an die Öffentlichkeit gebracht hat, und die einen Präzedenzfall zu schaffen droht, der die Pressefreiheit in der ganzen Welt beeinträchtigt? So viele der häufigsten Assange-Verleumdungen laufen auf ein einfaches ad hominem-Argument hinaus, bei dem die Person angegriffen wird, weil der Verleumder kein echtes Argument hat. Das Fehlen eines tatsächlichen Arguments hervorzuheben, ist eine effektivere Waffe gegen diese Verleumdung, als zu versuchen, es zu entkräften. Viele Leute sagen, dass Assange eine angenehme Persönlichkeit hat, aber das ist letztendlich nicht von Bedeutung. Es ist für einen sinnvollen Diskurs genauso unwichtig, wie über seine körperliche Erscheinung zu streiten.

Verleumdung 9: »Er ist ein schreckliches Monster aus den Gründen X, Y und Z, aber ich glaube nicht, dass er ausgeliefert werden sollte.«
Ich übersetze dieses Argument immer mental zu »Ich werde immer wieder die gleichen Propagandadarstellungen vorantreiben, die die öffentliche Zustimmung zu Assanges gegenwärtiger Situation hergestellt haben ... aber ich will nicht, dass die Leute am Ende meinen Namen sehen«.

Selbst wenn Sie Assange als Mann und als Person des öffentlichen Lebens mit jeder Faser Ihres Seins hassen, gibt es keinen legitimen Grund, sich in einen Pro-Bono-Propagandisten für die CIA und das US-Außenministerium zu verwandeln. Wenn Sie sich tatsächlich ernsthaft gegen seine Auslieferung aussprechen, dann sollten Sie mit den Erzählungen, die Sie über ihn verbreiten, verantwortlich umgehen, denn Verleumdungen töten die öffentliche Unterstützung ab, und nur die Öffentlichkeit ist es, die seine Auslieferung verhindern kann.

Verleumdung 10: »Trump wird ihn retten und sie werden zusammenarbeiten, um den Deep State zu beenden«
Machen Sie keinen Fehler, das ist eine Verleumdung und genauso schädlich wie alle anderen. Leute, die das verbreiten, verletzen Assange genauso sehr wie die MSNBC-Mainliner, die ihn offen hassen, selbst wenn sie behaupten, ihn zu unterstützen. In einer Zeit, in der wir alles in Bewegung setzen und die Freiheit für Assange fordern sollten, geht eine bestimmte Sorte von Trump-Anhängern herum und sagt jedem: »Entspann dich, Trump hat einen Plan. Warte es ab.«

Mir wurde viele Male seit Assanges Verhaftung gesagt, ich solle mich beruhigen und »abwarten und sehen«. Was »abwarten und sehen« in diesem Zusammenhang wirklich bedeutet, ist »nichts tun«. Tue nichts. Vertraue darauf, dass dieselbe Trump-Administration, die im Dezember 2017 einen Haftbefehl gegen Assange erlassen hat, deren CIA-Direktor WikiLeaks als »feindlichen nichtstaatlichen Geheimdienst« bezeichnet und sich verpflichtet hat, ihn zu zerstören, das Richtige tut. Tue in der Zwischenzeit absolut nichts und übe vor allem keinen politischen Druck auf Trump aus, um Assanges Verfolgung zu beenden.

Bitte hören Sie auf damit. Selbst wenn Sie immer noch den QAnon-Quatsch schlucken und immer noch glauben, dass der Reality-TV-Star, der John Bolton als seinen nationalen Sicherheitsberater eingestellt hat, eigentlich ein brillanter Stratege ist, der unbegreiflich komplexe 4-D-Schachzüge macht, um den Deep State trocken zu legen, selbst wenn Sie das alles glauben, werden Sie sicherlich zugeben, dass es nicht schadet, wenn man Trump unter Druck setzt, das Richtige zu tun und die Verfolgung von Assange zu beenden.

Ein Argument, auf das ich immer wieder stoße, ist, dass Trump Assange nach Amerika zum Prozess bringt, weil er ihn nur begnadigen kann, nachdem er verurteilt wurde. Das ist falsch. Ein US-Präsident kann jedem Menschen jederzeit jedes Verbrechen gegen die Vereinigten Staaten verzeihen, ohne dass dieser verurteilt oder überhaupt angeklagt wurde. Nach seinem Ausscheiden aus dem Amt wurde Richard Nixon von Gerald Ford eine vollständige Begnadigung des Präsidenten für »alle Straftaten gegen die Vereinigten Staaten, die er, Richard Nixon, in der Zeit vom 20. Januar 1969 bis 9. August 1974 begangen hat oder begangen haben könnte oder daran teilgenommen hat«, ausgesprochen.[43] Nixon war nie wegen irgendetwas angeklagt worden.

Wenn Trump Assange begnadigen wollte, hätte er es jederzeit seit seinem Amtsantritt tun können, anstatt einen Haftbefehl für seine Verhaftung im Dezember 2017 auszustellen und diesen nach einer Reihe von internationalen rechtlichen Manipulationen vollstrecken zu lassen.[44] Eine Begnadigung ist in den Plänen nicht vorgesehen.

Ein weiterer gängiger Glaube, auf den ich immer wieder stoße, ist, dass Trump Assange nach Amerika bringt, um ihn dazu zu bringen, über seine Quelle für die E-Mails der Demokratischen Partei 2016 auszusagen, im Austausch für eine Begnadigung. Dadurch würde die Wahrheit über die Ursprünge von »Russiagate« enthüllt und Clinton und Obama zu Fall gebracht werden. Das ist aber auch recht unwahrscheinlich. Jeder, der etwas über Assange weiß (einschließlich der Trump-Administration), weiß, dass er unter keinen Umständen eine Quelle preisgeben würde. Es wäre ein journalistischer Kardinalfehler, ein Verstoß gegen jedes Versprechen, das WikiLeaks je gegeben hat, und ein Verrat an seinem gesamten Lebenswerk.

Verleumdung 11: »Er hat Kacke an die Wände der Botschaft geschmiert.«

Wie der Rest der Hetzkampagne ist dies eine völlig unbegründete Behauptung, die nicht dazu bestimmt ist, ein logisches Argument über die aktuellen Fakten von Assanges Situation auf den Tisch zu legen, sondern Ekel und Abscheu vor ihm hervorzurufen, so dass man, wenn man an Julian Assange denkt, nicht an Pressefreiheiten und Regierungstransparenz denkt, sondern an Kacke. In gewisser Weise ist es tatsächlich ehrlicher als einige der anderen Verleumdungen, nur weil es so offensichtlich ist, was es ist und was es zu tun versucht.

Verleumdung 12: »Er stinkt.«
Es ist erstaunlich, wie viele Mainstream-Medienpublikationen es für nötig gehalten haben, Artikel über Assanges Körpergeruch zu berichten. Sobald man versucht, gegen die Auslieferung eines Journalisten zu argumentieren, weil er unbequeme Fakten über die Mächtigen veröffentlicht hat, wird man von Leuten überschwemmt, die spöttische Kommentare darüber abgeben, wie stinkig und ekelhaft er ist. Als ob das irgendeine Rolle spielt.

Fürs Protokoll berichten Leute, die Assange besuchten, dass er sauber ist und normal riecht, aber das ist wirklich nebensächlich.[45] Der Versuch, eine Diskussion über einen Journalisten, der vom US-Imperium wegen der Veröffentlichung von Wahrheit verfolgt wird, in eine Diskussion über Körperpflege zu verwandeln, ist verabscheuungswürdig und jeder, der es tut, sollte sich schlecht fühlen.

Verleumdung 13: »Er war ein schlechter Hausgast.«
Was er in erster Linie war, ist ein Ziel der US-Kriegsmaschinerie. Die Erzählung vom »Bad houseguest« dient nur dazu, von der Rolle Ecuadors abzulenken,

Assange der Stadtpolizei zu übergeben, anstatt an den Gründen festzuhalten, die Assange Asyl gewährt haben, und Ekel zu säen, wie in den beiden vorhergehenden Verleumdungen.

Tatsächlich wurde der neue ecuadorianische Präsident Lenin Moreno nach seinem Amtsantritt schnell von der US-Regierung umworben, traf sich mit Vizepräsident Mike Pence und diskutierte angeblich über Assange, nachdem demokratische Senatoren der USA Pence gebeten hatten, auf Moreno zu drängen, das politische Asyl zu widerrufen.[46] Die *New York Times* berichtete letztes Jahr, dass sich Trumps Kumpan Paul Manafort 2017 mit Moreno traf und anbot, ein Geschäft zu vermitteln, bei dem Ecuador Schuldenerlass im Austausch für die Übergabe von Assange erhalten konnte[47], und erst letzten Monat erhielt Ecuador ein Darlehen in Höhe von 4,2 Milliarden Dollar vom IWF in Washington[48]. Und dann widerruft Ecuador ganz zufällig Assanges politisches Asyl und rechtfertigt dies mit der angeblichen Verletzung von Bedingungen, die erst kürzlich erfunden wurden,[49] und mit Geschichten, die auf wilden Verzerrungen und völligen Lügen basierten.[50]

Verleumdung 14: »Er hat sich mit Donald Trump Jr. verschworen.«

Nein, hat er nicht. Der Nachrichten-Austausch zwischen Donald Trump Jr. und dem WikiLeaks Twitter-Account enthüllt nichts anderes als zwei Parteien, die versuchen, sich gegenseitig Gefallen zu erweisen, ohne Erfolg. Ein Passwort für die Website erregt seit der Veröffentlichung des Berichts Muellers große Aufmerksamkeit, wobei »Slate« sogar argumentiert, dass Don Jr. sich des Verstoßes gegen »das Gesetz gegen Computer-Missbrauch« schuldig gemacht hat, das es illegal macht, ohne Genehmigung auf einen Computer zuzugreifen, der ein gestohlenes Passwort verwendet[51]. Das ist Unsinn. WikiLeaks hat Trump kein Passwort geschickt, das es ihm ermöglichte, »auf einen Computer zuzugreifen« oder etwas anderes zu tun, als eine Vorschau auf eine Website zu sehen, die aktiv veröffentlicht und von vielen Leuten mit dem gleichen Passwort angesehen wurde. Das Passwort, das WikiLeaks ihm gab, war quasi wie ein Presseausweis, um eine Vorschau einer russischen Website zu erhalten, die kurz vor der Veröffentlichung stand.

Darüber hinaus, was ist da noch zu sagen? WikiLeaks versuchte erfolglos, Don Jr. dazu zu bringen, seine Agenden voranzubringen, beispielsweise ihnen Trumps Steuererklärung zu geben, Amerikas kaputtes Wahlsystem herauszufordern, mehr Augen auf ihr Material zu werfen, und einen Vorschlag, dass die Trump-Administration die Dinge aufrüttelt, indem sie Assange zum australischen Botschafter macht, mit der vollen Überzeugung, dass dies nie passieren würde.[52] Nichts davon geschah und WikiLeaks reagierte nie auf Donald Juniors Anfrage nach Informationen zu bevorstehenden Leaks.

Verleumdung 15: »Er veröffentlicht nur Leaks über Amerika.«

Das ist einfach falsch. Das kann man durch dreißig Sekunden Recherche herausfinden.

Verleumdung 16: »Er ist ein Antisemit.«

Ja, das kennen wir, wer sich der imperialistischen Kriegsmaschine in irgendeiner Weise widersetzt, der ist sowohl ein russischer Agent als auch ein Antisemit.[53] Jeremy Corbyn kennt das, Ilhan Omar kennt das, wir alle kennen das.

Der Vorwurf ist unterwegs, seit 2011 Schlagzeilen gemacht wurden, dass Assange sich über eine »jüdische Verschwörung« gegen ihn beschwert hatte.[54] Ursprung dieser Meldung war ein Bericht des *Private Eye*-Redakteurs Ian Hislop. Assange reagierte auf diese Behauptung wie folgt:

»Hislop hat fast jede wichtige Behauptung und Phrase verzerrt, erfunden oder falsch in Erinnerung behalten. Insbesondere ist die ›jüdische Verschwörung‹ völlig falsch, im Geiste und in Wort. Es ist ernst und beunruhigend. Anstatt eine Verleumdung zu korrigieren, hat Herr Hislop versucht, vielleicht nicht überraschend, eine Verleumdung mit einer anderen in die gleiche Richtung zu rechtfertigen. Dass er dafür einen Ruf hat und dafür bekannt ist, im Vereinigten Königreich mehr Verleumdungsklagen erhalten zu haben als jeder andere Journalist, bedeutet nicht, dass dies richtig ist. WikiLeaks fördert das

Ideal des ›Wissenschaftsjournalismus‹ – wo dem Leser die zugrundeliegenden Beweise aller Artikel zur Verfügung stehen, gerade um solche Verzerrungen zu vermeiden. Wir schätzen unsere starke jüdische Unterstützung und unser Personal, ebenso wie die Unterstützung von panarabischen Demokratieaktivisten und anderen, die unsere Hoffnung auf eine gerechte Welt teilen.«

Es gab auch Behauptungen über eine Verbindung zwischen Assange und dem umstrittenen Autor Israel Shamir, die WikiLeaks eindeutig bestreitet.[55]

Verleumdung 17: »Er ist ein Faschist.«

Im Gegensatz zu den meisten Assange-Verleumdungen ist diese bei der politischen Linken häufiger als bei der Mitte und verblüfft mich völlig. Die Forderung, dass Regierungen transparent arbeiten und Machthaber rechenschaftspflichtig sind, ist kaum mit dem Faschismus vereinbar. Tatsächlich ist es genau das Gegenteil.

Die italienische investigative Journalistin und langjährige WikiLeaks-Mitarbeiterin Stephania Maurizi erzählte Micah Lee im vergangenen Jahr auf Twitter Folgendes:

»Ich bin seit 2009 als Medienpartner tätig, ich kann meine Erfahrungen einbringen. Ich habe NIEMALS Misogynie oder Faschismus, Vergewaltigungsentschuldigung, Antisemitismus gesehen. Ich habe

Antifaschismus tief in meiner DNA, wegen der Folgen des Faschismus für meine Familie.«[56]

Wann immer ich jemanden treffe, der diese Verleumdung verbreitet, sage ich normalerweise nur so etwas wie: »Du weißt, dass es mächtige Regierungsbehörden gibt, die ein berechtigtes Interesse daran haben, dich das denken zu lassen, oder?« Die Darstellung von Assange als rechtem Hardliner war ungemein erfolgreich dabei, seine Unterstützung auf der linken Seite zu beseitigen, womit nur seine Unterstützung auf der rechten Seite übrig blieb, was weitgehend wertlos sein dürfte, wenn es um den Krieg der Trump-Administration gegen WikiLeaks geht.

Verleumdung 18: »Er war ein Trump-Fan.«
Nein, war er nicht. Er hasste Hillary »Können wir diesen Kerl nicht einfach ›drohnen‹?«[57] Clinton für ihre schreckliche Bilanz und ihre Bemühungen als Außenministerin, WikiLeaks zu schließen, aber das ist nicht dasselbe, wie Trump zu unterstützen. Sein Hass auf Clinton war persönlich und er reagierte auf eine Beschwerde eines führenden Clinton-Mitarbeiters über seine Rolle bei ihrer Niederlage mit den Worten: »Nächstes Mal sperren Sie meine Freunde nicht ein, berauben Sie meine Kinder nicht ihres Vaters durch korrupte Gerichtsverfahren, zwingen Sie Ihre Verbündeten nicht dazu, dasselbe zu tun, und leiten Sie keine siebenjährige, verfassungswidrige Grand Jury gegen mich und meine Leute.« Er wollte,

dass sie verliert. Aber sich die Niederlage von Clinton zu wünschen, bedeutet nicht, dass er Trump zum Präsidenten haben wollte oder glaubte, dieser würde einen guten Präsidenten abgeben. Wenn man es vorzieht, lieber erstochen als erschossen zu werden, bedeutet das nicht, dass man erstochen werden will.

Im Juli 2016 verglich Assange die Wahl zwischen Clinton und Trump mit einer Wahl zwischen Cholera und Gonorrhoe und sagte: »Persönlich würde ich keinen bevorzugen.«[58] Als ein Twitter-Nutzer Assange 2017 vorschlug, er solle sich Trump zuwenden, um eine Begnadigung zu sichern, antwortete Assange: »Ich würde lieber meine eigenen Innereien essen.« Eindeutiger kann es nicht sein.

Assange sah Trump so klar wie jeder andere zu dieser Zeit und jetzt sitzt er auf Geheiß von dessen verkommener Regierung hinter Gittern. Clinton-Wähler haben noch keine Methode gefunden, das in ihrem Verstand zu verarbeiten; sie müssen Assange hassen, weil er Hillary half zu verlieren, aber wenn sie seine Verhaftung bejubeln, bejubeln sie die Agenda der Trump-Regierung. Dieselben Leute, die behaupten, Trump zu bekämpfen und die freie Presse zu unterstützen, sind Cheerleader der Administration, deren Agenda eine der größten Bedrohungen für eine freie Presse darstellt, die wir in unserem Leben gesehen haben. Assange war noch nie ein Trump-Anhänger. Aber auf eine sehr reale Weise sind es diejenigen, die seine Inhaftierung unterstützen.

Die Widerlegung sämtlicher Verleumdungen

Verleumdung 19: »Ich mochte ihn immer, bis er die Wahl 2016 ruinierte.« / »Ich hasste ihn immer, bis er die Wahl 2016 rettete.«

Damit gibt man zu, dass man keine Werte hat, die über blinde Nibelungentreue hinausgehen. Nur die Wahrheit zu mögen, wenn sie einem dient, ist dasselbe, wie die Wahrheit zu hassen.

Verleumdung 20: »Er hat Blut an den Händen.«

Nein, hat er nicht. Es gibt nirgendwo einen Hinweis darauf, dass WikiLeaks zum Tod von irgendjemandem irgendwo auf der Welt beigetragen hat. Diese Verleumdung erfreut sich neuer Beliebtheit, seitdem bekannt wurde, dass Assange auch wegen der Leaks von Chelsea Manning angeklagt wird – mit dem Argument, dass diese Leaks US-Truppen getötet haben. Dieses Argument ist aber falsch. Im Jahr 2013 stellte das Pentagon – das jeden Anreiz hatte, Beweise dafür zu finden, dass WikiLeaks Menschen getötet hat – fest, dass keine solchen Fälle entdeckt wurden.[59]

Verleumdung 21: »Er hat die Details von Millionen türkischer Wählerinnen veröffentlicht.«

Nein, hat er nicht. Die WikiLeaks-Website berichtet dazu Folgendes:

»Berichte, dass WikiLeaks Daten über türkische Frauen veröffentlichte, sind falsch. WikiLeaks hat die Datenbank nicht veröffentlicht. Jemand anderes tat es. Was WikiLeaks veröffentlichte, waren E-Mails von der Regierungspartei der Türkei, der AKP, der Partei des Präsidenten Recep Tayyip Erdoğan, der derzeit die türkische Justiz, den Bildungssektor und die Presse ›reinigt‹.«

Verleumdung 22: »Er unterstützte rechte Parteien in Australien.«
Für diese Anschuldigung benötigt man zunächst etwas Kontext: Im Jahr 2013 gab die australische WikiLeaks-Partei Vorzugsstimmen an rechtsgerichtete Parteien in New South Wales ab – was die WikiLeaks-Partei als »administrativen Fehler« bezeichnete – während Assange damit beschäftigt war, Edward Snowden und Chelsea Manning zu helfen.

Im Jahr 2012 gab WikiLeaks auf Twitter bekannt, dass Assange für den australischen Senat kandidieren würde, und 2013 wurde die WikiLeaks-Partei offiziell bei der australischen Wahlkommission registriert und stellte Kandidaten in den Bundesstaaten Victoria, New South Wales und Westaustralien. Zu den weiteren Kandidaten in der Partei gehörten ein Menschenrechtsanwalt, ein Ethiker, ein ehemaliger Kandidat der Grünen, ein ehemaliger Diplomat, ein Rechtsprofessor und ein ehemaliger Präsident des Rates der Ethnischen Gemeinschaften in Westaustralien. Es war ein sehr linkes Angebot mit ungewöhnlichen politischen Anzeigen.[60]

Verleumdung 23: »Er hat das Leben von schwulen Saudis gefährdet.«

Nein, hat er nicht. Die Saudi-Leaks waren KSA-Regierungsdokumente, das heißt, Informationen, die die Regierung bereits hatte, sodass keine Gefahr von gesetzlichen Vergeltungsmaßnahmen auf der Grundlage der saudi-arabischen Gesetze gegen Homosexualität bestand.[61] Es gibt keine Hinweise darauf, dass durch die saudischen Leaks jemals jemand gefährdet wurde.

Diese Verleumdung wurde durch Raphael Satter von »Associated Press« ausgelöst, WikiLeaks schickte daraufhin dessen Führungskräften eine formelle Beschwerde, in der Satters journalistisches Fehlverhalten aufgeklärt und die Veröffentlichung seiner Antwort gefordert wurde.

Verleumdung 24: »Er ist ein CIA-Agent.«

Dieser Vorwurf existiert an den Rändern von einigen Verschwörungskreisen, es gibt keinen organisierten Gedankengang dazu, und wenn ich Leute frage, warum sie so sicher sind, dass Assange ein CIA/Mossad-Agent ist, bekomme ich eine Menge verschiedener Antworten, viele von ihnen widersprüchlich und keine von ihnen aus linearen, vollständigen Gedanken bestehend. Meistens bekomme so etwas zu hören wie: »Nun, er verbrachte einige Zeit in Ägypten und er kritisierte die Wahrheitssucher vom 11. September und er ist nur wenig entfernt von dieser oder jener zwielichtigen Person, also du musst einfach die Punkte verbinden.«

Man sollte meinen, dass diese Verleumdung nachgelassen hätte, da Assange auf Geheiß der US-Regierung inhaftiert wurde, aber ich begegne ihr jetzt tatsächlich viel öfter. Jeden Tag schreiben mir Verschwörungstheoretiker, die mir sagen, dass Assange nicht das ist, was ich denke, dass er ist – und das genau zu dem Zeitpunkt, an dem die Mainstreammedien dabei sind, ihn mit mehr Aggression als je zuvor zu verleumden, und genau dann, wenn er mehr Unterstützung braucht als je zuvor.

Ich habe noch nie jemanden getroffen, der ein überzeugendes (oder gar kohärentes) Argument dafür vorbringen kann, dass Assange für irgendeinen Geheimdienst arbeitet, also erkläre ich im Allgemeinen die Beweislast für unerfüllt. Wenn es jemanden da draußen gibt, der das glaubt, habe ich hier ein paar Fragen:

Warum wird ein CIA-Agent für seinen treuen Dienst mit einem Aufenthalt im Belmarsh-Gefängnis belohnt, um auf die Auslieferung an die USA zu warten? Wie funktioniert das konkret? Behaupten Sie, dass er ein Agent war, der »verbrannt« wurde? Wenn ja, wann ist das passiert? Seine Verfolgung begann 2010 und die US-Regierung arbeitete bereits 2008 daran, ihn zu sabotieren.

Verleumdung 25: »Er hat seine Katze schlecht behandelt.«

Es gibt einfach keine Grenze für den Müll, den diese Schmierkampagne hervorbringt. Die Sorge um die Botschaftskatze wurde geweckt, als die Regierung

Moreno damit anfing, Ausreden zu erfinden, um Assange aus der Botschaft zu verdrängen, wobei die am stärksten publizierte Forderung war, dass er für die Sauberkeit seiner Katze sorgen müsse. Von da an wurde zum Narrativ, dass Assange nicht nur ein stinkender Nazi-Vergewaltiger und russischer Spion ist, der Kot an die Wände schmiert … er misshandelt auch seine Katze.

Nach seiner Verhaftung tauchte eine Reihe von »Wo ist Assanges Katze?«-Nachrichten auf – wohin auch sonst sollten sich die Köpfe der Menschen hinwenden, wenn eine zivilisationsbedrohliche Gesetzesagenda durchgeführt wird? James Ball vom *Guardian*, der letztes Jahr einen Artikel mit dem Titel »Die einzige Schranke, die Julian Assange daran hindert, die ecuadorianische Botschaft zu verlassen, ist sein Stolz«[62] geschrieben hat, in dem er demütigend argumentiert, dass die USA nie verlangen würden, ihn auszuliefern, sagte seinen Twitter-Anhängern: »Für das Protokoll: Julian Assanges Katze wurde Berichten zufolge von der ecuadorianischen Botschaft vor langer Zeit in ein Tierheim gebracht, also erwarten Sie keine Auslieferung von Katzen in den nächsten Stunden. (Ich habe wirklich angeboten, sie zu adoptieren.)«[63]

Aber Assanges Katze ist in Ordnung. Sie wurde nicht an ein Tierheim gegeben; der Twitter-Account von WikiLeaks veröffentlichte ein Video von der Katze, die Assanges Verhaftung im Fernsehen betrachtet, mit dem Kommentar: »Wir können bestätigen, dass Assange's Katze sicher ist.[64] Assange bat seine Anwälte, sie Mitte Oktober vor Botschaftsdrohungen zu retten. Sie werden in Freiheit wieder vereint sein.«

Verleumdung 26: »Er ist ein Pädophiler.«
Ja, natürlich wurde das auch probiert und ich treffe immer noch von Zeit zu Zeit auf Leute, die das online hochwürgen. CNN hatte Gäste, die behaupteten, dass Assange ein Pädophiler sei, nicht nur einmal, sondern zweimal. Im Januar 2017 sagte der ehemalige CIA-Beamte Phil Mudd live auf Sendung[65], dass Assange »ein Pädophiler ist, der in der ecuadorianischen Botschaft in London lebt«, und anstatt ihn vor Ort zu korrigieren, tat CNN nichts und teilte das Video[66] auf Twitter (und ließ den Tweet online, bis WikiLeaks mit Klage drohte). Kurz darauf behauptete der Kongressabgeordnete Mike Rogers gegenüber CNN, dass Assange »wegen Vergewaltigung eines Minderjährigen gesucht wird«[67].

Diese Behauptungen sind natürlich falsch, um Assange buchstäblich als den schlimmsten Menschen der Welt mit all den schlimmsten Eigenschaften zu beschreiben, die man sich vorstellen kann. Diese Behauptungen kamen Monate nach einer alarmierenden Aktion hinter der gefälschten Dating-Website toddandclare.com, die Assange öffentlich »pädophile Verbrechen« vorwarf.[68] »McClatchy« berichtet Folgendes:

»Wer auch immer hinter der Dating-Website steckt, hat bedeutende Ressourcen gesammelt, um Assange ins Visier zu nehmen, genug, um Zugang zu einer Einrichtung der Vereinten Nationen zu erhalten, in Ländern in Europa, Nordamerika und der Karibik zu operieren, den Anwalt von Assange in London zu überwachen, die Faxnummer von Kanadas Premierminister zu erhalten und zu versuchen, eine polizeiliche Untersuchung auf den Bahamas durchzuführen.«[69]

Verleumdung 27: »Er hat über Seth Rich gelogen.«
Robert Mueller, der der Bush-Administration half, die Welt über die Massenvernichtungswaffen im Irak zu täuschen, hat in seinem Buch behauptet, dass der russische Geheimdienst GRU die Quelle der WikiLeaks-Veröffentlichungen 2016 wäre und dass WikiLeaks sein Publikum getäuscht hätte mit der Andeutung, dass seine Quelle der ermordete Mitarbeiter des »Democratic National Congress« (DNC) Seth Rich war. Diese Behauptung ist unbegründet, weil, wie wir in Verleumdung Nummer vier besprochen haben, die Öffentlichkeit nicht einen Hauch von Beweisen dafür gesehen hat, wer tatsächlich die Quelle von WikiLeaks war, sodass es hier auch keine Kenntnisse geben kann, ob eine Täuschung stattgefunden hat oder nicht. Wir haben noch keinen harten Beweis gesehen und nur eine offizielle Darlegung, die die russische Regierung oder WikiLeaks mit Guccifer 2.0 verbindet. Daniel Lazare hat auf »Consortium News« Dokumente veröffentlicht, die belegen, dass es tatsächlich einige große Lücken in Muellers Zeitachse gibt.[70] Der lang-

jährige Assange-Freund und WikiLeaks-Verbündete Craig Murray behauptet, dass er weiß, dass die Quelle der DNC-Lecks und Podesta-E-Mails zwei verschiedene Amerikaner waren, nicht Russen, und deutet an, dass einer von ihnen ein DNC-Insider war.[71] Es gibt genauso viele öffentlich zugängliche Beweise für Murrays Behauptung wie für Muellers.

Die Mainstream-Medien brüllen seit Jahren Tag für Tag, dass es eine absolut bekannte Tatsache ist, dass die russische Regierung die Quelle von WikiLeaks war, und der einzige Grund, warum die Leute spotten und die Augen auf jeden richten, der die unbestreitbar sachliche Behauptung aufstellt, dass wir dafür keine Beweise gesehen haben, ist, dass der illusorische Wahrheitseffekt das menschliche Gehirn dazu bringt, Wiederholungen mit Fakten zu verwechseln.[72]

Der Verleumdung hier ist, dass Assange wusste, dass seine Quelle tatsächlich die russische Regierung ist, und dass seine Andeutung, dass es Seth Rich war, die Leute von dieser Spur ablenken sollte. Es gibt aber keine Beweise für all dies und es gibt keinen Grund, ausgerechnet Robert Mueller in diesem Zusammenhang Glauben zu schenken.

Verleumdung 28: »Er hat über Trump noch nie etwas geleakt.«

Zuerst einmal ist Assange selbst kein »Leaker«, er ist ein Verleger, was bedeutet, dass alles, was er und WikiLeaks jemals getan haben, ist, das zu veröffentlichen, was von anderen Leuten zu ihnen gebracht wurde. Sie sind nicht da draußen, um herumzuwühlen, sich in Regierungsdatenbanken zu hacken und die Ergebnisse zu veröffentlichen; sie sind nur ein Ventil, das mit einer sicheren, anonymen Ablagebox aufwartete und Leaker einlud, diese zu benutzen, damit ihre Informationen sicher veröffentlicht werden können. Wenn ihnen niemand irgendwelche Leaks zu einem bestimmten Thema bringt, haben sie nichts zu veröffentlichen. Im Vorfeld der Wahl 2016 gab es durchaus Leaks bei Trump, aber die gingen an andere Publikationsstellen; Trumps Steuerinformationen wurden an die *New York Times* weitergegeben[73] und das berüchtigte »Grab her by the Pussy«-Audio wurde an die *Washington Post* weitergegeben.[74]

Abgesehen davon hat WikiLeaks öffentlich um Trump-Leaks gebeten, und zwar sowohl vor als auch nach der Wahl. [75] WikiLeaks' kontroverser Austausch mit Donald Trump Jr. (siehe Verleumdung Nummer vierzehn) war weitestgehend der Versuch eines Verlags, der eine potenzielle Quelle für Leaks suchte. Es ist offensichtlich, dass sie schon immer Leaks von Trump veröffentlichen wollten und dies auch tun würden, wenn sie das Material erhalten hätten.

Und zu guter Letzt waren die »Vault 7«-Leaks durchaus eine Veröffentlichung über die Trump Administration.[76] Sie erzürnte die Regierung so sehr, dass Mike Pompeo im nächsten Monat eine Rede hielt, in der er WikiLeaks zu einem »feindlichen, nichtstaatlichen Geheimdienst« erklärte und schwor, dieses Outlet zu schließen.[77] Und ein paar

Monate später gab Trumps Justizministerium einen Haftbefehl gegen Assange wegen einer erfundenen, falschen Anklage heraus. Assanges Verleumder mögen es nicht, die CIA-Leaks anzuführen, weil sie keine Videos von Trump mit gut hydrierten russischen Prostituierten enthalten, aber sie waren unbestreitbar ein Schlag gegen diese Regierung und es ist dumm, etwas anderes vorzugeben.

Viertens, die Eingabe der Wörter »Donald Trump« in die Suchmaschine von WikiLeaks bringt 14 531 Ergebnisse aus den DNC Leaks, den Podesta-E-Mails, den Global Intelligence Files und anderen Publikationen in der Geschichte von WikiLeaks.[78]

Verleumdung 29: »Er hat sich mit Nigel Farage verschworen.«

Dies ist noch eine weitere Verleumdung, die darauf abzielt, Assange als Rechten darzustellen, um seine Unterstützung auf der linken Seite zu beenden – sie wurde vor allem an das britische Publikum gerichtet. Von Assange ist bekannt, dass er sich im März 2017 einmal und auch nur einmal mit dem Brexit-Führer Nigel Farage getroffen hat. Sowohl WikiLeaks[79] als auch Farage[80] haben gesagt, dass Farage versuchte, ein Interview mit Assange für seine Sendung mit LBC Radio zu bekommen, und dass die Anfrage höflich abgelehnt wurde. Das war das Treffen.

Es gibt genau null Beweise, die dem widersprechen. Es gab Versuche, das Narrativ zu verbreiten, dass Assange sich mehrmals mit Farage getroffen hätte, die von Farage als »konspirativer Unsinn« abgetan wurden.[81] WikiLeaks nennt sie »gefälschte Geheimdienstberichte«[82] und »Informationen, die von dem ecuadorianischen Geheimdienst SENAIN«[83] stammten.

WikiLeaks' Behauptung ist offensichtlich aus einer Reihe von Gründen glaubwürdig, der erste ist, dass einer der Fälle, in denen Assange angeblich von Farage besucht wurde, am 28. April 2018 gewesen sein sollte[84], als Assange von der ecuadorianischen Regierung aus schon seit längerer Zeit verboten war[85], Besucher außer seinen Anwälten zu empfangen. Dieses komplette Fehlen von allem Greifbaren hielt Russiagate-Köche wie Seth Abramson[86], Marcy Wheeler[87] und die übliche Mannschaft von Mainstream-Verschwörungstheoretikern nicht davon ab, dies als eine tatsächliche Tatsache zu behandeln – und nicht als unbestätigtes Hörensagen.

Eine Antwort des *Guardian* ließ auch nicht lange auf sich warten: Carole Cadwalladr nahm diese völlig imaginären Assoziationen zwischen Assange und Farage auf und schob sie in das britische Mainstream-Bewusstsein, Artikel[88] für Artikel[89], gefüllt mit nichts als unbegründeten verschwörerischen Anspielungen. Cadwalladr hat sich einen Namen gemacht, indem sie unehrliche und unprofessionelle Taktiken anwendet, um WikiLeaks bewusst zu verleumden.[90]

Und so sieht man hier ein weiteres Beispiel dafür, wie ein Haufen von Halbwahrheiten und völligen Erfindungen so gesponnen wird, dass Assange ganz schrecklich und unzuverlässig aussieht, wie diese Halbwahrheiten dann zirkulieren und als Tatsache immer wieder wiederholt werden, bis der illusorische Wahrheitseffekt die Oberhand gewinnt.

Ich denke, das war fürs Erste einmal alles. Wenn ich etwas verpasst oder etwas falsch gemacht haben sollte, schicken Sie mir bitte eine E-Mail an admin@caitlinjohnstone.com und lassen Sie es mich wissen. Ich versuche, das bestmögliche Werkzeug für die Leute zu schaffen, um Assange-Verleumdungen zu widerlegen, also werde ich diesen Katalog kontinuierlich erweitern, um sicherzustellen, dass die Argumente wie ein Rasiermesser schneiden. Danke für das Lesen und vielen Dank an alle, die geholfen haben!

Caitlin Johnstone, 26.April 2019

Das Original des hier übersetzten und gekürzten Artikels erschien unter: https://caitlinjohnstone.com/2019/04/20/debunking-all-the-assange-smears/

Wir danken für die Genehmigung des Abdrucks.

Freiheit für Julian Assange – Aufruf zur Solidarität

»*Wenn das Aufdecken von Verbrechen wie ein Verbrechen behandelt wird, dann werden wir von Verbrechern regiert.*« Edward Snowden

Am 11. April 2019 wurde Julian Assange aus der ecuadorianischen Botschaft verhaftet und in ein britisches Hochsicherheitsgefängnis verschleppt. Gleichzeitig wird er von einem Auslieferungsantrag der USA und einer Anklage wegen Spionage mit bis zu 170 Jahren Haft bedroht. Nach Einschätzung von Nils Melzer, UN-Sonderberichterstatter für Folter, der Julian Assange am 9. Mai im Gefängnis besucht hat, zeigt der Wikileaks-Gründer »neben körperlichen Beschwerden alle Symptome, die typisch sind, wenn jemand anhaltend psychologischer Folter ausgesetzt ist, wozu extremer Stress, chronische Angst und intensive psychische Traumata gehören«. Der Völkerrechtler Melzer fordert: »Die kollektive Verfolgung von Julian Assange muss hier und jetzt enden!«

Dieser Forderung schließen wir uns an.

- Der Angriff auf Julian Assange ist ein massiver Angriff auf die Presse- und Meinungsfreiheit.
- Wir fordern die sofortige Freilassung von Julian Assange, der keine Verbrechen begangen, sondern Verbrechen aufgedeckt hat.
- Wir fordern Freiheit für Julian Assange und die Bundesregierung sowie die EU-Institutionen dazu auf, Julian Assange gegen eine Auslieferung an die USA zu schützen und ihm Asyl in Deutschland und der EU zu gewähren.

In diesen Aufruf schließen wir Chelsea Manning mit ein, die in den USA erneut in Beugehaft sitzt, um Aussagen gegen Julian Assange zu erpressen. Wir schließen Edward Snowden mit ein, der seit Jahren im russischen Exil lebt, und alle Journalistinnen und Journalisten, die aufgrund ihrer Arbeit inhaftiert und mit dem Leben bedroht sind.

Wir fordern die deutschen und europäischen Medien, Verlage und Journalistenverbände dazu auf, diesen Aufruf aktiv zu unterstützen. Wenn Julian Assange in diesem historischen Präzedenzfall verurteilt wird, ist die Presse- und Meinungsfreiheit massiv bedroht.

Es gibt diverse Petitionen online, die Sie unterschreiben können: unter anderem http://chng.it/MK4ffVjtzM

Anmerkungen

Don't kill the messenger!
1. https://www.heise.de/tp/features/Clinton-ueber-Julian-Assange-Koennen-wir-den-Kerl-nicht-einfach-drohnen-3340894.html
2. *Underground: Tales of Hacking, Madness & Obsession*, 1997. Auf Deutsch 2011 erschienen unter dem Titel *Underground: Die Geschichte der frühen Hacker-Elite*.
3. https://www.theguardian.com/media/2011/jan/30/julian-assange-wikileaks-profile
4. Ein Effekt, der mittlerweile bei politischen Wikipedia-Themen einer strikten Redaktionshierarchie unterworfen wurde, wie Markus Fiedler und Dirk Pohlmann auf wikihausen.de zeigen.
5. 2011-03-19 The Guardian: Redacting, censoring or lying? http://archive.fo/YR3VN#selection-919.0-919.55
6. https://www.businessinsider.de/these-6-corporations-control-90-of-the-media-in-america-2012-6?
7. https://www.abc.net.au/4corners/sex-lies-and-julian-assange/4156420
8. Auf Seite 9, Paragraf 21. https://image.guardian.co.uk/sys-files/Guardian/documents/2012/05/30/assangeUKSC_2011_0264_Judgment.pdf
9. https://www.craigmurray.org.uk/archives/2019/05/the-missing-step

10 https://www.craigmurray.org.uk/archives/2019/05/the-missing-step
11 https://www.theguardian.com/world/2013/jul/31/nsa-top-secret-program-online-data
12 https://www.heise.de/newsticker/meldung/USA-Dritter-Whistleblower-nach-Leak-an-The-Intercept-festgenommen-4419716.html
13 https://www.youtube.com/watch?v=qfrhATD4nM0
14 https://www.lawfareblog.com/assange-superseding-indictment-0
15 https://www.theguardian.com/world/2013/jul/31/bradley-manning-sentencing-hearing-pentagon
16 https://www.nytimes.com/2019/05/23/us/politics/assange-indictment.html
17 https://www.thedailybeast.com/us-charges-wikileaks-julian-assange-with-publishing-classified-info
18 https://www.globalresearch.ca/truth-ultimately-all-we-have-julian-assange-appeals-public-support/5678467?
19 https://www.documentcloud.org/documents/5912343-UNHCHR-Final.html
20 https://www.ohchr.org/EN/NewsEvents/Pages/DisplayNews.aspx?NewsID=24665&
21 https://www.democracynow.org/2019/5/31/seg_1_julian_assange_please_update
22 ttps://twitter.com/Jeremy_Hunt/status/1134373848290353152?ref_src=twsrc%5Etfw
23 https://twitter.com/NilsMelzer/status/1134400849097220102?ref_src=twsrc%5Etfw

Die Widerlegung sämtlicher Verleumdungen Julian Assanges

1 https://www.guengl.eu/assange-montarjemi-rui-pinto-win-gue-ngl-whistleblower-prize/
2 https://wikileaks.org/What-is-WikiLeaks.html
3 https://medium.com/@caityjohnstone/how-you-can-be-certain-that-the-us-charge-against-assange-is-fraudulent-8eb0caa1c4f6
4 https://medium.com/@caityjohnstone/the-us-government-wont-care-about-your-definition-of-journalism-after-the-assange-precedent-is-set-66ae974d23fe
5 https://www.theguardian.com/media/2010/aug/22/wikileaks-julian-assange-denies-rape-allegations
6 https://www.craigmurray.org.uk/archives/2012/09/why-i-am-convinced-that-anna-ardin-is-a-liar/
7 https://mobile.twitter.com/benjaminnorton/status/1116416836432691207?s=21
8 https://youtu.be/PZ0UgJRPhxw
9 https://youtu.be/5rXPrfnU3G0
10 https://www.cnet.com/news/wikileaks-editor-skips-nyc-hacker-event/
11 http://www.heraldsun.com.au/news/news-story/c9b3ebdfe4f9ccb02dc094d900e56b8f
12 https://observer.com/2016/02/exclusive-new-docs-throw-doubt-on-julian-assange-rape-charges-in-stockholm/
13 https://twitter.com/wikileaks/status/687365705457598466
14 https://www.scribd.com/document/80912442/Agreed-Facts-Assange-Case

15 https://www.amnesty.org/en/latest/news/2012/09/sweden-should-issue-assurance-it-won-t-extradite-assange-usa/
16 https://www.thecanary.co/uk/analysis/2019/04/15/on-sky-news-an-inconvenient-fact-from-julian-assanges-lawyer-collapses-the-official-narrative/
17 https://www.documentcloud.org/documents/5913205-Assange-Affidavit.html
18 http://archive.is/R7oFP
19 https://www.theguardian.com/media/2018/feb/11/sweden-tried-to-drop-assange-extradition-in-2013-cps-emails-show
20 https://www.theguardian.com/media/2017/nov/10/uk-prosecutors-admit-destroying-key-emails-from-julian-assange-case
21 https://youtu.be/fDR43OS2lgs?t=81
22 http://archive.is/qQwbE
23 https://www.aklagare.se/globalassets/dokument/ovriga-dokument/decision-20170519.pdf
24 https://www.theguardian.com/media/2016/nov/14/julian-assange-to-face-swedish-prosecutors-over-accusation
25 https://sputniknews.com/europe/201603061035874931-sweden-russian-national-crime/
26 https://theintercept.com/2019/04/14/julian-assange-languishes-in-prison-as-his-journalistic-collaborators-brandish-their-prizes/
27 https://foreignpolicy.com/2010/03/12/the-history-of-the-honey-trap/

28 Weitere Informationen zu den Details der Vergewaltigungsanklage finden Sie in den folgenden Ressourcen:
- Dieses »2012 4 Ecken Segment« mit dem Titel »Sex, Lügen und Julian Assange«. https://www.abc.net.au/4corners/sex-lies-and-julian-assange/4156420
- Dieser *Observer*-Artikel aus dem Jahr 2016 mit dem Titel »Exklusive neue Dokumente zweifeln an den Vergewaltigungsanklagen von Julian Assange in Stockholm«. https://observer.com/2016/02/exclusive-new-docs-throw-doubt-on-julian-assange-rape-charges-in-stockholm/
- Diese Zeitleiste der Ereignisse von Peter Tatchell https://www.petertatchellfoundation.org/assange-swedes-uk-obstructed-sex-crime-investigation/
- Dieser John Pilger-Artikel mit dem Titel »Getting Julian Assange: Die unerzählte Geschichte« https://www.petertatchellfoundation.org/assange-swedes-uk-obstructed-sex-crime-investigation/
- Dieser Artikel mit dem Titel »Assange Rape Defense« unterstreicht die beschämende schwedische, US-amerikanische Taktik. https://www.justice-integrity.org/1170-assange-rape-defense-underscores-shameful-swedish-u-s-tactics

Einige feministische Essays über die wütende Heuchelei des gesamten patriarchalischen Imperiums, die sich plötzlich so sehr um darüber sorgen, dass ein Mann Sex auf unangemessene Weise initiiert haben könnte:
- Dieser Aufsatz von Naomi Wolf mit dem Titel »J'accuse: Sweden, Britain, and Interpol Insult Rape

Victims Worldwide«. https://www.huffpost.com/entry/jaccuse-sweden-britain-an_b_795899
- Dieser *Guardian*-Artikel von Women Against Rape mit dem Titel »We are Women Against Rape, but we do not want Julian Assange extradicted«: https://www.theguardian.com/commentisfree/2012/aug/23/women-against-rape-julian-assange – Seit Jahrzehnten kämpfen wir dafür, dass Vergewaltiger gefangen, angeklagt und verurteilt werden. Aber die Verfolgung von Assange ist politisch.«

29 https://medium.com/@caityjohnstone/reminder-chelsea-manning-was-twice-driven-to-suicide-by-a-regime-that-tortures-whistleblowers-43a053aff7b4
30 https://www.truthdig.com/articles/bloody-gina-not-lead-cia/
31 https://www.justice.gov/file/1080281/download
32 https://www.youtube.com/watch?v=uyCOy25GdjQ
33 https://consortiumnews.com/2018/08/13/too-big-to-fail-russia-gate-one-year-after-vips-showed-a-leak-not-a-hack/
34 https://search.wikileaks.org/?q=Russia
35 https://steemit.com/russia/@suzi3d/in-plain-sight-why-wikileaks-is-clearly-not-in-bed-with-russia
36 https://wikileaks.org/spyfiles/russia/
37 https://youtu.be/5rXPrfnU3G0
38 ttps://en.wikipedia.org/wiki/World_Tomorrow
39 https://theintercept.com/2019/04/11/the-u-s-governments-indictment-of-julian-assange-poses-grave-threats-to-press-freedoms/
40 https://www.archives.gov/isoo/policy-documents/cnsi-eo.html

41 https://wapo.st/2UvlTw7?tid=ss_mail&utm_term=.9896acb030bb
42 https://medium.com/@gigest/the-breach-of-bail-allegation-against-assange-934522ba9fa9
43 https://www.fordlibrarymuseum.gov/library/speeches/740061.asp
44 https://medium.com/@caityjohnstone/the-legal-narrative-funnel-thats-being-used-to-extradite-assange-8a2e8f7a53d1
45 https://twitter.com/NounRiot/status/1118087149948219394
46 https://medium.com/@caityjohnstone/white-house-us-ecuador-coordinating-about-future-of-assange-asylum-b0e8f7535113
47 https://www.nytimes.com/2018/12/03/us/politics/manafort-assange-wikileaks-ecuador.html
48 https://www.enca.com/business/imf-approves-42bn-loan-ecuador?
49 https://caitlinjohnstone.com/2018/06/01/moreno-assange-can-remain-at-embassy-so-long-as-he-doesnt-practice-journalism/
50 https://consortiumnews.com/2019/04/02/ecuador-president-threatens-to-decide-assanges-fate-over-scandal/
51 https://slate.com/technology/2019/04/mueller-report-donald-trump-jr-wikileaks-twitter-hacking.html
52 https://www.washingtonpost.com/news/worldviews/wp/2016/03/21/the-u-s-has-worst-elections-of-any-long-established-democracy-report-finds/
53 https://medium.com/@caityjohnstone/breaking-everyone-who-opposes-war-is-a-russian-antisemite-39fd8acf316a

54 https://www.theguardian.com/media/2011/mar/01/julian-assange-jewish-conspiracy-comments
55 http://www.twitlonger.com/show/92ichb
56 https://twitter.com/SMaurizi/status/965503438133096448
57 https://twitter.com/wikileaks/status/782906224937410562
58 https://www.businessinsider.com.au/julian-assange-2016-election-cholera-gonorrhea-2016-7
59 https://www.theguardian.com/world/2013/jul/31/bradley-manning-sentencing-hearing-pentagon
60 https://twitter.com/wikileaks/status/180833572700172288
61 https://youtu.be/w0oI_8r5nXk
62 https://wikileaks.org/10years/distorted-facts.html
63 https://www.theguardian.com/commentisfree/2018/jan/10/julian-assange-ecuador-embassy-wikileaks-us-sweden
64 https://twitter.com/jamesrbuk/status/1116285679728832518
65 https://twitter.com/wikileaks/status/1117144943666106368
66 https://www.youtube.com/watch?v=0FVpcaaa1X4
67 https://twitter.com/NewDay/status/816713773939621890
68 https://twitter.com/WLTaskForce/status/816984801609662464
69 https://wikileaks.org/Background-and-Documents-on-Attempts-to-Frame-Assange-as-a-Pedophile-and.html
70 https://www.mcclatchydc.com/news/politics-government/election/article110904727.html

71 https://consortiumnews.com/2019/04/18/the-guccifer-2-0-gaps-in-muellers-full-report/
72 https://twitter.com/CraigMurrayOrg/status/1118099287513104384
73 https://medium.com/@caityjohnstone/the-illusory-truth-effect-how-millions-were-duped-by-russiagate-61199bfbe325
74 https://www.nytimes.com/interactive/2016/10/01/us/politics/donald-trump-taxes.html
75 https://en.wikipedia.org/wiki/Donald_Trump_and_Billy_Bush_recording
76 https://wikileaks.org/ciav7p1/
77 https://www.cia.gov/news-information/speeches-testimony/2017-speeches-testimony/pompeo-delivers-remarks-at-csis.html
78 https://search.wikileaks.org/?q=donald+trump [17.6.2019]
79 https://twitter.com/wikileaks/status/1022242697350995969
80 https://www.lbc.co.uk/radio/presenters/nigel-farage/nigel-farage-tells-truth-about-meeting-assange/
81 https://www.thegatewaypundit.com/2018/01/nigel-farage-dismisses-claims-visited-assange-multiple-times-conspiratorial-nonsense/
82 https://twitter.com/wikileaks/status/997191201077022720
83 https://twitter.com/wikileaks/status/1024151047357562880
84 https://archive.fo/JT0uJ
85 https://www.thedailystar.net/opinion/interviews/silencing-julian-assange-1555720

86 https://twitter.com/SethAbramson/status/954159496452075520
87 https://twitter.com/emptywheel/status/954413320852918272
88 http://archive.is/nMxaa
89 https://www.theguardian.com/politics/2018/nov/25/why-wont-nigel-farage-answer-my-brexit-questions
90 https://medium.com/@caityjohnstone/dont-laugh-it-s-giving-putin-what-he-wants-a962c63a5ed4

Sämtliche Links finden Sie unter:
www.westendverlag.de/buch/dont-kill-the-messenger/